Martin Gattermann

Medizin mit Menschlichkeit

W0086209

Dr. med. Martin Gattermann ist seit 25 Jahren Arzt und ließ sich 1991 mit seiner Frau als Kassenarzt (Allgemein- und Badearzt) in St. Peter-Ording nieder. Etliche seiner bisher überwiegend in der Standespresse erschienenen Artikel sind unter www.Aerzte-im-Widerstan.de einzusehen.

Martin Gattermann

Medizin mit Menschlichkeit

Wie die Mächtigen die Zukunft
unseres Landes verspielen,
indem sie seine Vergangenheit verachten

Ein Hausarzt widerspricht
Professor Lauterbachs
„Zweiklassenstaat"

1. Auflage 2008
© 2008
infolab GmbH, Erlangen
Printed in Germany
ISBN 978-3-9803953-3-5
www.MedizinMitMenschlichkeit.de

Dieses Buch richtet sich an alle Leser des Werkes von Professor Lauterbach, die auch eine positive Perspektive suchen, an alle Patienten, die einen erweiterten Einblick in das deutsche Gesundheitswesen bekommen wollen, an alle Ärzte, damit sie nicht verzweifeln oder auswandern, an alle Eltern, die ihren Kindern einen besseren Start in ihre Zukunft geben wollen, und an alle „Alten", um ihnen ihre Würde wieder zurückzugeben.

Die heutige veröffentlichte Meinung vermittelt mehr und mehr ein Bild von uns Ärzten, das es Patienten immer schwerer macht, Vertrauen zu finden. Vertrauen aber ist die Basis ärztlicher Arbeit und ärztlichen Erfolges. Dieses Buch versucht daher, wieder Vertrauen in die Ärzteschaft insgesamt schöpfen zu lassen.

Es ist gewidmet
meiner Frau, Dr. med. Sabine Gattermann,
unseren Kindern Linus, Undine, Philine und Ricus,
unseren Eltern und Geschwistern,
unseren Kollegen und Patienten.

Inhalt

Geleitwort

Dies Büchlein ist mehr als nur die Entgegnung eines Hausarztes auf das Werk „Zweiklassenstaat" des Herrn Professor Lauterbach. Hier spricht ein Mensch aus ärztlicher Erfahrung über die Grundwerte unserer freiheitlich-demokratischen Sozialstruktur. Es wird deutlich, welche Gefahr für die Mitmenschlichkeit droht, wenn technokratisches Denken und ideologische Voreingenommenheit die Macht in unserem Lande erhalten.

Verantwortung für unser berufliches Handeln, für unsere Patienten und für unsere Gesellschaft fordert Mut der Gegenrede, hier verbunden mit dem Aufzeigen von alternativen Lösungen im Sinne der Humanität, deren Wertschätzung Voraussetzung für unseren freiheitlich-demokratischen Staat ist.

Lauterbach wird ernst genommen, alle Lauterbachs und deren Sympathisanten sollten mit der gleichen Ernsthaftigkeit überprüfen, ob sie mit mechanistischem und ökonomisiertem Denken in ihrer jeweiligen Funktion unserem Sozialwesen dienen oder ob sie irreparablen Schaden für unser Gemeinwohl auslösen.

Dem Autor dieses Büchleins ist zu danken für seine sachliche Analyse und Stellungnahme, seinen Einsatz für den Erhalt einer humanen Gesellschaft.

Dr. Klaus Bittmann

Gründer und Mitglied des Vorstandes der „Ärztegenossenschaft Schleswig-Holstein" und Sprecher des „Bundesverbandes der Ärztegenossenschaften" in Deutschland

Vorbemerkung

Das Vorhaben eines solchen Buches stößt naturgemäß auf Widerspruch. Ich bin mir sehr wohl bewußt, daß ich an der einen oder anderen Stelle Professor Lauterbach falsch verstanden haben könnte. Ich möchte mich dafür vorab entschuldigen.

Widerspruch soll und darf Diskussion auslösen. Zuschriften werden gern erwartet. Sie sollen als Korrekturen und Anregungen in eine geplante zweite Auflage einfließen. Es ist auch geplant, wichtige Meinungen faksimiliert wiederzugeben, sofern die Diskutanten dem nicht widersprochen haben. Außerdem gibt es eine Diskussionsplattform unter www.MedizinMitMenschlichkeit.de.

Das Buch kann über den Buchhandel oder direkt vom Verlag bezogen werden. Es kostet soviel wie die Krankenkassengebühr (10 Euro).

Dr. med. Martin Gattermann

Allgemein- und Badearzt in St. Peter-Ording;
niedergelassener Kassenarzt

Vorwort

Das aktuell von Professor Dr. Karl Lauterbach vorgelegte Werk *„Der Zweiklassenstaat. Wie die Privilegierten Deutschland ruinieren"* *(Rowohlt Berlin 2007)* ist ein sehr wichtiges Buch. Es erlaubt Einblicke in die Welt der heute Mächtigen, weil sein Autor zu den führenden Köpfen der sozialdemokratischen Sozialpolitik gehört. Wer sich um die Zukunft unseres Gemeinwesens sorgt, muß Professor Lauterbach zur Kenntnis nehmen.

Je nach eigener Überzeugung muß man indessen seine Ansichten und Folgerungen nicht teilen. Selbst einem die derzeitige Entwicklung der aktuellen Sozial- und Gesundheitspolitik ablehnenden Leser hilft er mit seinen Ausführungen – wenn auch indirekt – weiter: Wenn dieser Leser geglaubt hatte, daß beispielsweise in der Gesundheitspolitik die Talsohle durchschritten sei und es nicht mehr schwieriger werden könne, kann er angesichts dieser düsteren Prognosen und der daran geknüpften Folgerungen seinen Widerstand weiter schärfen und wird nicht so schnell resignieren. Ist die Lage bislang schon „ziemlich hoffnungslos", ist das im hier diskutierten Buch Gemalte noch so viel grotesker, daß seine Verhinderung jede Kraftanstrengung lohnen sollte. Man darf weiterhin auf eine andere und bessere als die von Professor Lauterbach skizzierte Zukunft hoffen. Mit anderen Worten: Neutralität scheint nicht möglich!

Für alle, die in Zeiten der Ressourcenknappheit versuchen, eine menschenwürdige Medizin zu betreiben, wird immer klarer, daß wir uns allmählich tatsächlich in einem Zweiklassenstaat befinden. Allerdings gänzlich anders, als Professor Lauterbach ihn postuliert. Auch für diesen anders sortierten Zweiklassenstaat gelten seine Worte: „Ein Zweiklassenstaat fördert die moralisch niedrigsten Verhaltensweisen in seiner Bevölkerung und hat gleichzeitig nicht die moralische Autorität, sich darüber zu erheben."

Professor Lauterbach gehört schon seit Jahren zu den Mitverantwortlichen der deutschen Sozial- und Gesundheitspolitik, wofür er in seinem Buch allerdings kaum Verantwortung übernimmt und sich statt dessen über ihr Scheitern beklagt. Es hat sich ein Netz bürokratischer Regelungen gebildet, in dem sich viele Eigeninitiativen und Verantwortlichkeiten zu verfangen drohen. Der im hier diskutierten Buch vehement geforderten weiteren inflationären Zunahme staatlicher Eingriffe in alle Teilfunktionen unseres Sozialwesens aber soll in Umkehrung der Worte unserer Bundeskanzlerin („Lassen Sie uns mehr Freiheit wagen") entgegengehalten werden: „Weniger Staat wagen". Damit erst schlüge die Stunde einer wahren Politik.

Hinführungen

Vorbemerkungen

Im hier vorgestellten Buch wird aus Gründen der Lesbarkeit bewußt darauf verzichtet, bei Berufen stets die männlichen und weiblichen Ausübenden zu nennen. Die ältere sprachliche Gepflogenheit, daß „Patient", „Leser", „Kollegen", „Ärzte" oder „Professoren" jeweils „Patientin und Patient", „Leserin und Leser", „Kolleginnen und Kollegen", „Ärztinnen und Ärzte" beziehungsweise „Professorinnen und Professoren" heißt, mögen sich die geneigte Leserin und der geneigte Leser stets vor Augen führen.

Dieses Buch folgt den Regeln der bewährten Rechtschreibung. Die seit 1996 dreimal reformierte Rechtschreibung hat überholte Schreibweisen aus dem 17. und 18. Jahrhundert wieder eingeführt und erlaubt nun in zahllosen Fällen zwei Schreibweisen für ein einziges Wort. Die vermehrten Doppel-s- und Großschreibungen erschweren das Lesen. Die traditionelle Schreibweise weist diese Mängel nicht auf. Zudem ist ein Ende der Nachbesserungen an der Reform nicht abzusehen. Nach einer im Juni 2008 veröffentlichten Allensbach-Umfrage lehnt immer noch eine Mehrheit der Deutschen die Rechtschreibreform ab. Die Zahl der Befürworter ist auf 9 Prozent gesunken. Aus all diesen Gründen haben sich Verfasser und Verlag dafür entschieden, weiter auf die bewährte Rechtschreibung zu setzen.

Dieses Buch setzt sich mit der Denkwelt Professor Lauterbachs auseinander. Zu dieser Auseinandersetzung aber gehört auch die problematische These, daß Geld Abhängigkeit schafft oder, besser, daß der Empfang von Zahlungen großer Geldmengen sehr nahelegt, daß den Geldgebern gegenüber keine Unbefangenheit besteht. Zu dieser Sicht, aus allgemeiner Lebenserfahrung erwachsen, berechtigt Professor Lauterbach selbst, weil er von professoralen Kollegen als „habilitierten Mietmäulern" oder „Privatversicherungen nahestehenden Professoren" spricht, er also diese Abhängigkeit sogar für bewiesen hält.

Es gibt Interessen großer Kapitalgesellschaften am Umbau der gesamten stationären und ambulanten (niedergelassenen) Medizin. Der „Krankheits-" beziehungsweise „Gesundheitsmarkt" in Deutschland gilt vielen als eine expansive, lukrative Geldanlagemöglichkeit, beispielsweise in Form von „Gesundheitszentren", sogenannten „medizinischen Versorgungszentren (MVZ)" und privaten Klinikkonsortien. Die Rendite wird hauptsächlich dadurch erreicht, daß die medizinische Versorgung zentralisiert wird und die im Gesundheitsbereich Beschäftigten (beispielsweise Pflegepersonal und Ärzte) einem Lohndumping unterworfen werden. Es wird in absehbarer Zeit etliche Veröffentlichungen geben, die genau diese Verflechtungen und Absichten intensiver verfolgen und offenlegen. Die Verunglimpfung der gesamten freiberuflichen niedergelassenen Medizin durch Professor Lauterbach und sein massives Plädoyer für die Öffnung dieser Versorgung (beziehungsweise ihre vollständige Übernahme) für/durch die Kliniken könnte genau in dieses Konzept passen.

Die niedergelassene Medizin findet hingegen in ihm keinen Fürsprecher. Sie ist bisher geprägt durch die individuelle Begegnung von Patienten und ihrem Arzt. Diese ermöglicht eine Vertrauensbildung, die besonders für schwer- und chronisch kranke Menschen nachgewiesenermaßen den Heilungsverlauf günstig beeinflußt. Gerade in der rapiden Zunahme der Neuerkrankungen an Depressionen und Diabetes mellitus offenbart sich der Wert des „Hausarztes" alter Schule. Er kennt den Patienten und sein familiäres, soziales und berufliches Umfeld, seine gesamte Biographie.

Moderne „Disease-Management-Medizin" fordert häufig den Einbezug eines Psychologen, der aus der seelischen Dimension einer solchen Krankheit eine psychische (Mit-)Erkrankung macht, deren „Aufarbeitung" den nach eigenem Verständnis hauptsächlich körperlich erkrankten Patienten oft irritiert und kränkt. Die Programme zwingen den Hausarzt zur ständigen Delegation an Mitverantwortende (neben den Psychologen die Ärzte der Zweiten Versorgungsebene, den Nierenfacharzt, den Kardiologen, den Fußspezialisten und so weiter), und zwar unabhängig davon, ob der Hausarzt deren Hilfe bedarf oder nicht. Diese Delegationsnotwendigkeit unterhöhlt seine eigene Verantwortlichkeit und verursacht immense Kosten, ohne daß der Nachweis einer Gesamtkostensenkung bis heute wissenschaftlich gesichert worden wäre. Diese Mehrkosten tragen kollektiv die Versichertengemeinschaft, aber auch individuell die Patienten, denen Fahrkosten und Zeitaufwand abverlangt werden, von den Terminnöten und der Verunsicherung durch eine mögliche Vielfalt von Meinungen ganz zu schweigen.

Nehmen wir als Beispiel die psychologische Mitbetreuung: Die ohnehin stark ausgelasteten und terminlich schwer zugänglichen Psychologen müssen binnen weniger Sitzungen Schlüsse ziehen und entsprechend therapeutisch intervenieren, was in Anbetracht der Knappheit ihrer Zeit und der Unkenntnis der „gelebten Biographie" des Patienten zu Mißverständnissen und folgenschweren Fehlinterpretationen führen kann. Diese in den Programmen „empfohlene" Begleitung für „schwierige Fälle" blockiert die Kapazität der Psychologen, die sonst eher imstande wären, dringende und rasche Interventionen bei Depressionen, Angsterkrankungen, Panikattacken und Somatisierungsstörungen zu leisten.

Hausärztliche Erfahrung und Kompetenz läßt oft genug psychosomatische Erkrankungen und Somatisierungsstörungen erkennen, ohne daß wiederholte kosten- und zeitträchtige Untersuchungen und stationäre Aufenthalte erforderlich werden. Hausarztsein beinhaltet, beim Patienten und seiner Familie auch ohne expliziten Ordinationswunsch Dinge erkennen und ansprechen zu können. Beispielsweise kann es erfolgreicher als ein teures Raucherentwöhnungstraining sein, wenn bei einer Sterbebegleitung en passant im geeigneten Moment dem Enkel das Nichtrauchen nahegelegt oder scheinbar körperliche Störungen einer Partnerschaftskrise zugeordnet werden können. Statt aufwendiger Recall-Verfahren mag dem Hausarzt ein kurzer Hinweis auf die anstehenden Folgeimpfungen der Kinder an die gerade wegen einer Bronchitis behandelten Mutter genügen. Sein „Längs- und Querschnittswissen", lange Krankheitsverläufe im familiären Kontext zu kennen und zu erkennen, ermöglichen die Vermeidung unnötiger Notarztwagen-Einweisungen von Patienten mit Herzangst, Panikattacken und Hyperventilation. Allerdings setzt diese Lebensbegleitung des kranken Menschen voraus, daß der Arzt ihn als Individuum begleitet. Noch so gute Kommunikationsstrukturen und qualitätsgesicherte Interaktionsmodelle in einer modernen arbeitsteiligen „Industrie"-Medizin (wie in den von der heutigen Politik favorisierten Medizinischen Versorgungszentren mit im Schichtdienst arbeitenden Ärzten) können nicht verhindern, daß der konkrete Arzt seinen Patienten in der konkreten Begegnung eben doch nicht ausreichend persönlich kennt und seine ganze Maschinerie in Gang setzen muß.

Ein weitgefächert fortgebildeter Hausarzt beispielsweise weiß, wann er seinen altersverwirrten Patienten oder besser deren Angehörigen zur „Musiktherapie" raten kann. Er hat gelernt, daß rezente Einsichten beispielsweise aus der neurobiologischen Forschung es nahelegen, den Erkrankten Musik vorzuspielen oder sie sogar alte Schlager hören zu lassen. In einer auf reine und meßbare Effizienz und Effektivität schielenden meinungsmachenden Epidemiologie würde er darüber kaum etwas gefunden haben –

und es gäbe kaum einen Weg, begleitenden Familienangehörigen Mut zu einem solchen Schritt zu machen.

Die so beschriebene Hausarztmedizin ist von einem den Illusionen Professor Lauterbachs entgegengesetzten Arztbild geprägt. Viele ärztliche Kollegen scheinen aber seinen derzeitigen Weg für unumkehrbar zu halten und verfallen in eine „innere Kündigung" oder gar Resignation. Denkt man hingegen in geschichtlichen Dimensionen, weiß man, daß viele Entwicklungen sich im nachhinein nicht bewährt haben oder gar als Irrwege erkannt werden. Versteht man Trends als Moden, ahnt man, daß sie Launen unterworfen sind und rasch wieder in Vergessenheit geraten können. Rückbesinnung und Rückkehr zu den tragenden Werten des ärztlichen Handelns und der Arzt-Patienten-Beziehung sind möglich und nötig. Der vielschichtige Wert dessen, was bei einer von der gegenwärtigen Gesundheitspolitik in Kauf genommenen Zerstörung einer jahrtausendealten Kultur der Begegnung zwischen Patient und Arzt verlorenginge, ist allen Appell und Widerstand wert.

Die gegenwärtige Gesundheitspolitik ist nämlich keinesfalls eine zwangsläufige oder gar sinnvolle Entwicklung, sondern ein gerichtetes und durch vorgeblichen Sachzwang scheinbar legitimiertes Unterfangen einschlägig interessierter Kreise, die viel von den materiellen Bedingungen und – so darf man vermuten – Chancen, wenig aber vom Menschen und von der Notwendigkeit einer allgemeinen Entschleunigung und Simplifizierung unserer sozialen Umwelt verstehen oder verstehen wollen.

Widerstand in der Hoffnung auf die Kraft des Wortes brauchte hier aber nicht eine Revolution, sondern setzt darauf, daß durch Transparenz Bewußtsein und Sensibilität geweckt werden können. Es soll und muß denen Mut gemacht werden, die sich bisher mit den gleichen Ansichten in einer schwindenden Minderheit oder gar gänzlich alleine fühlten.

Reformstau, Wahrhaftigkeits- und Glaubwürdigkeitslücke

Professor Lauterbach beschuldigt kontinuierlich „Lobbyisten", ihn in seiner Reformarbeit zu behindern. Wer – und wie offen oder heimlich – solchermaßen wirkt, deckt er fast nie auf. Er persistiert aber auf deren schädlicher Einflußnahme.

Wenn jemand sich derart massiv – und moralisierend – mit den meisten Mitwirkenden in der Sozial- und Gesundheitspolitik anlegt, sollte er für seine eigene Person größtmögliche Offenheit anstreben. Wer selbst die anderen durchgängig als Interessensvertreter abstempelt, sollte eigene Abhängigkeiten aufdecken. Das ist eine Frage von Lauterkeit und Fairneß – und ist letztlich auch taktisch geboten, um nicht unnötig angreifbar zu sein.

Tatsächlich steht Professor Lauterbach nicht nur mit beiden Beinen im Leben, sondern auch mit ebensolchen auf beiden Seiten gesundheitspolitischer Ambitionen. Einerseits verkörpert er in und für die Sozialdemokratie medizinischen Sachverstand und beansprucht höchstmögliche Kompetenz und Integrität darin, anderseits verdient er nicht unerheblich zu Wissenschafts- und Politikersalär hinzu – eben als Lobbyträger. Er berät (und erstellt Gutachten für sie) drei verschiedene Krankenkassen und das Klinikum Bremen-Mitte und agiert im Aufsichtsrat der Rhön-Klinikum AG.

Es wird später zu zeigen sein, daß Kapitalgesellschaften wie die Rhön-Klinikum AG keinesfalls neutrale Mitspieler, sondern höchst aktive Vorreiter und Gewinner beim geplanten Umbau des gesamten ambulanten und stationären Gesundheitswesens sind. Dieser Umbau führt in eine Industrialisierung des Umgangs mit

Kranken und Krankheiten. Sich für diese Mächtigen – im Sprachgebrauch Professor Lauterbachs: Privilegierten – einzusetzen, bedeutet im Umbau unseres Gesundheitswesens, die Chancen und Renditen dieser Mächtigen zu verbessern. In einer solchen Medizin, die mit allen Traditionen bricht, eine jahrtausendealte Kultur der Begegnung zwischen dem Kranken und seinem Arzt beendet und sich nur vordergründig wirtschaftlich orientiert, wird die Würde des kranken Menschen und des ihn Behandelnden gefährdet oder gar zerstört, was ebenfalls am Ende dieser Ausführungen zu belegen sein wird.

Der Hausarzt richtete sein Hauptaugenmerk neben der Behandlung akuter Krankheiten auf die Führung schwer- und chronischkranker Menschen, die auf Vertrauen angewiesen sind und selbst keine aktive Kontrolle über ihre Behandlung ausüben können. Integrität und Arbeitsfreude schufen Vertrauen. Die ärztliche Verläßlichkeit führte den Patienten durch seine Krankheit und sein Leiden. Diesen Anspruch hat noch heute die Gesellschaft an ihre Ärzte, allen Demontagen zum Trotz.

„Wes Brot ich eß', des Lied ich sing'", weiß der Volksmund. Und auch, daß es im Leben nichts umsonst gibt. Wenn man also zusätzlich zu Professoren- und Abgeordnetenbezügen Geld in einer Höhe bekommt, das den meisten Familien als alleiniger Unterhalt ausreichen muß, bekommen die Geldgeber auch etwas von dem Begünstigten. Sie erwarten dies nicht nur, sondern sie erleben dies auch. Allein das Wahrnehmen von Funktionen, die derart attraktiv honoriert werden, schafft Abhängigkeit (und stellt, nebenbei angemerkt, in den Augen der meisten Mitmenschen ein erhebliches Privileg dar). Professor Lauterbach unterstellt eine solche Abhängigkeit nahezu allen, die sich seiner Politik widersetzen. Seine hier genannten wirtschaftlichen Engagements sind deshalb besonders bemerkenswert, weil er sie in seinem Buch auf 221

Seiten nicht ein einziges Mal erwähnt. Ein Schelm, wer sich etwas Böses dabei denkt!

Der Aberglaube an die Statistik

Noch weitere Aspekte sind anzusprechen, ehe Professor Lauterbachs Buch systematisch betrachtet werden soll. So sein Credo für die Meßbarkeit all dessen, was das Sozial- und Gesundheitswesen ausmacht.

Wenn man das Glück und das Vergnügen hatte, den ersten Professor und Lehrstuhlinhaber für Medizinische Statistik in Deutschland (Universität Heidelberg), Professor Dr. med. Herbert Immich, in seinen Vorlesungen selbst zu erleben, hat man unauslöschbar die Grenzen der Biomathematik erkannt. Seine Vorlesungen waren gespickt mit der Analyse medizinischer Statistiken. Er veranschaulichte, daß praktisch keine einzige Untersuchung komplett fehlerfrei ist und daß nahezu jede Statistik für die verschiedensten und oft konträren Zwecke instrumentalisiert werden kann.

Noch problematischer muß es jedem, der sich mit diesem Sujet intensiver auseinandergesetzt hat, erscheinen, daß Professor Lauterbach solche letztlich abstrakten Dinge wie „Arztqualität" unter anderem an seinem Institut allgemeinverbindlich messen zu können vorgibt. Jenseits eigener Anschauung und Prägung unterliegt ein solcher Qualitätsbegriff kultureller, historischer und funktioneller Variabilität. Mit anderen Worten: selbst wenn es gelänge, eine Erhebung zu diesem Sachverhalt technisch und biomathematisch einwandfrei durchführen zu können, blieben Vorgaben, die die Antworten mitbestimmen. So engen den Untersuchenden seine Intentionen, seine bisherigen Erkenntnisse und seine Absichten ein. Und je weniger er dieses Phänomen problematisiert, desto eher wird er ihm anheimfallen. Es ist unmöglich, sich von

22

den Hilfestellungen oder Fesseln (je nach Sichtweise) unserer Vergangenheit, unserer Kultur, unserer Erfahrungen et cetera zu lösen, indem man sie ignoriert. Zudem unterliegen sie – und wir – einem ständigen Zeitfluß.

Und dann noch eine Bemerkung, die erlaubt sein muß: Professor Lauterbach ist Direktor des Instituts für Gesundheitsökonomie und Klinische Epidemiologie der Universität zu Köln. Wenn der Wissenschaftler und Lehrstuhlinhaber Daten seines eigenen Institutes erstellen läßt und sie in einem klassenkämpferischen Kontext gebraucht, stellen sich ernsthafte Fragen nach der wissenschaftlichen Neutralität ihrer Erhebung und ihrer Interpretation. Ein Erhebungskontext, dessen Hauptstruktur in „die da oben, wir da unten" begründet ist, läßt keine Neutralität, keine vollständige wissenschaftliche Unvoreingenommenheit erwarten, weder – wie angesprochen – in seiner Fragestellung noch in seinen Ergebnissen, von seinen Interpretationen einmal ganz abgesehen. Politische Intention und neutrale wissenschaftliche Erhebung sind ein Zielkonflikt par excellence.

Ein bekannter Satz, der mehreren, unter anderen Churchill, zugeschrieben wird, lautet:

„Ich glaube keiner Statistik, die ich nicht selbst gefälscht habe."

Dagegen verwahren sich meist besonders diejenigen, die mit ihren (eigenen) Statistiken Einfluß nehmen wollen. Denen sei ein wunderschöner Ausspruch eines meiner ärztlichen Lehrer entgegengehalten:

„Alle Zahlen lügen – aber auch alle Lügner zählen."

Leider wird dieses Wissenskleinod manchen professionellen Statistiker weder erfreuen noch überzeugen, allenfalls brüskieren – es ist schlicht zu wahr!

Vertrauen gegen Kontrolle

Professor Lauterbachs neues Sozial- und Medizinmodell ist das einer durchgängig und lückenlos kontrollierten Daten-, vielleicht sogar Gesinnungswelt. Eine solche perfektionierte Steuerung widerspricht vielen gängigen und in unserer Kultur berechtigt etablierten Einsichten über das, was den Leistungsrahmen eines einzelnen und von Gruppierungen, aber auch das Glück des Menschseins ausmacht. Jenseits der Meßbarkeit sind das individuelle Vertrauen des Patienten zu seinem Arzt und das kollektive Vertrauen einer Gesellschaft in ihre Medizin wichtige Voraussetzungen für Erfolge in Therapie und Prävention.

Bei aller Skepsis über unser Wissen und Können – in unserer Binnensicht wie in der Außenperspektive – ist dieses Vertrauen der Humus. Wer es zerstört, zerstört ärztliche Wirksamkeit.

Dieses Vertrauen braucht der Arzt auch zu sich selbst. Zuviel und zu fundamentale Kritik kann es zermürben. Der Arzt, der im entscheidenden Moment den Patienten bei der Hand nehmen kann, muß sich seiner selbst sicher sein dürfen. Dazu braucht er nicht nur Autonomie und Fachkönnen, sondern auch eine emotional-soziale Kompetenz. Es gibt viele Situationen, in denen die Arzt-Patienten-Begegnung nicht fernsteuerbar ist, sondern nur vom unmittelbaren und beiderseitigen Vertrauen lebt.

Nehmen wir ein Beispiel aus einem weder in der Sozial- noch in der Medizinwelt angesiedelten Berufsfeld, dem der Armee. Dort gibt es zur Umsetzung einer Führungsentscheidung konkurrierend die Auftrags- und die Befehlstaktik. Letztere ist durchwoben von Rückmeldung und permanenter Kontrolle, weil sie dem Durchführenden keine Einsichten in das Zielvorhaben der Führung zutraut, ihm vielleicht sogar generell mißtraut.

Auftragstaktik aber vertraut dem Durchführenden, weiß ihn im gemeinschaftlichen Zielstreben verbunden und mißt seine Leistung am Ergebnis, überläßt ihm aber – auch zur Delegation in den ihm nachgeordneten Bereich – erhebliche Gestaltungsfreiheit.

In der deutschen Nachkriegsbundeswehr ist man sicher, daß sich durch die Auftragstaktik Effizienz und Effektivität militärischen Handelns erhöht und präferiert sie weitestmöglich gegenüber der Befehlstaktik.

Im Mitverantwortlichsein der horizontalen Ebene für die gemeinsame Leistung gibt es hier eine Analogie zu moderner Managementpsychologie. Auch hier versucht man, die individuellen Fähigkeiten des einzelnen im Sinne des Gesamtergebnisses zu nutzen.

Regelwerken, wie sie Professor Lauterbach beabsichtigt und einfordert, liegt ein leider gegenteiliges Menschenbild zugrunde: Man scheint in dem von ihm gestalteten politischen System die Mitspieler vielleicht nicht nur potentiell für unfähig und/oder unredlich zu halten und ihrer durch Kontrolle und (Über-) Steuerung Herr werden zu wollen. Die Kontrollierenden unterliegen übrigens ihrerseits keiner echten Außenkontrolle – allenfalls augurenhaft untereinander –, was dem zeitlich befristeten Delegat von Macht in der Demokratie fundamental widerspricht. Während also die demokratischen Mandatsträger sich immer wieder zur Wahl stellen und die Berechtigung ihrer Wiederwahl begründen können und müssen, brauchen die Kontrollierenden sich nicht mehr zu rechtfertigen.

Sie setzen die Standards ihres Tuns und ihrer Legitimation selbst und sorgen durch die biomathematische Kompliziertheit ihrer Materie dafür, daß die von ihnen Geführten die Instrumentarien und deren Meßergebnisse möglichst nicht überprüfen können.

Dabei wäre der schlichte Glauben an die Statistik naiv. Auch hierzu wird später Näheres auszuführen sein.

Ein besonders drastisches Beispiel dieser Denkweise zeigt sich, wenn im Bericht Professor Lauterbachs in einer Klinik mit „hoher Mortalität" die „schlechten Chirurgen … ausgetauscht" wurden. Was bedeutet dies? Wohin wurden sie ausgetauscht? Welche Kranken werden ihnen jetzt „ausgeliefert"? Oder sind sie gar einfach verschwunden – vaporisiert im Orwellschen Sinne? Wer hat denn überhaupt untersucht, ob sie – wer von ihnen, mit welchen Anteilen, mit welchen Anteilen von Mitverantwortung oder gar „Mitschuld" nichtchirurgischer Mitarbeiter, unter welchen Arbeitsbedingungen, mit welchen Anteilen der Klinikleitung etc. – tatsächlich „schuld" an den Mängeln waren?

Wie kann eine Mortalitätsstatistik, die zudem unter der Vorgabe, daß weniger als 200 Operationen gleichen Typs am gleichen Krankenhaus als Mangel per se anzusehen seien, hier entscheiden, ob ihretwegen „die schlechten Chirurgen … augetauscht" werden können und müssen?

Hier sei schon darauf verwiesen – wie ebenfalls später noch auszuführen sein wird –, daß ein genereller Verdacht der Unfähigkeit und Unredlichkeit in erster Linie dazu dient, Menschen durch Furcht vor Sanktionen zu steuern. Kein Chirurg will „ausgetauscht" werden, schon gar nicht mit dem Stigma, ein „schlechter" Chirurg zu sein. Der gleiche Autor, dem dieser Bericht über radikale Sanktionen ohne Wimpernzucken aus der Feder quillt, fordert andernorts *„Begeisterungsfähigkeit, … Leistung und den unbedingten Willen, Krankheiten zu besiegen"* (S. 7). Was aber kann denn unter einer perfektionierten Überwachung Abhängiger anderes erwartet werden als Anpassung und Ergebung? Wo

26

bleiben in diesem Menschenbild Freiheit und Würde, wo der Respekt vor dem Mitmenschen?

Für und wider die Familie

Oder: Die soziale Wirklichkeit ist nicht nur schlicht binär

Professor Lauterbachs Bildungswelt ist zweigeteilt. Zum einen kennt sie offensichtlich nur das gutsituierte Bürgerkind, zu dessen Vorteil seine Eltern ihre Bildung, Zeit, Geld und ihre Beziehungen einsetzen, damit es den sozialen und materiellen Rang seiner Eltern „erbt". Die anderen sind „Kinder mit familiären, sprachlichen, kulturellen und kognitiven Problemen" beziehungsweise „Kinder aus Arbeiterfamilien, Armutsfamilien oder mit Migrationshintergrund". Schwarz-Weiß. Holzschnittartig. Es ist unbestreitbar, daß es viele – und in jedem Fall zu viele – Kinder gibt, die auf Grund ihrer Familienkonstellation schlechtere oder gar keine Chancen haben. Was aber bei einem solchen binären System übersehen wird, ist, daß die ganz überwiegende Zahl der Kinder in Deutschland aus einer „mittleren Schicht" stammt. Elterliche beziehungsweise familiäre relative oder absolute Armut rührt nicht selten aus der Existenz ebendieser Kinder her. Wer in diesem Land, in dem seit einem Jahrzehnt die politische Partei Professor Lauterbachs Spitzenverantwortung trägt, Kinder hat, hat zwar ein reicheres Leben und gibt der Gesellschaft erst ihre biologischen Zukunftschancen, aber er wird bis in den materiell höheren Mittelstand hinein spürbar oder gar existentiell weniger Geld zur Verfügung haben als Kinderlose gleichen sozialen Ranges und Einkommens. Die große Ungerechtigkeit der heutigen sozialen Wirklichkeit der meisten unserer Kinder – und daß ein führender Sozialpolitiker dieses Problem schlicht zu verkennen scheint, macht diese Ungerechtigkeit noch größer –, ist nicht Unwillen oder Unfähigkeit ihrer Eltern, sondern daß diese Gesellschaft außerstande zu sein scheint, ihre Kinder materiell ausreichend auszustatten. Dabei kann man, um hier entgegenzuwirken, alle materiellen und sonstigen Ressourcen an den Familien vorbei und damit gegen sie mit dem Ergebnis ihrer faktischen Zerstörung einsetzen. So herauszuhören, wenn eine prominente politische Stimme fordert, „daß das Geld beim Kind und nicht bei der Familie ankommt". Man könnte aber auch den Eltern selbst die materiellen Möglichkeiten geben – oder sie ihnen durch weitgehenden Abgabenabbau (Verzicht des Staates bei der Abschöpfung) wenigstens belassen. Bis auf weiteres aber bedeutet „kinderreich" in Deutschland nahezu zwingend (relativ) „arm". Eine wirkliche Entscheidung für oder gegen die Familie ist eine Frage des Weltbildes der politischen Kaste in Deutschland. Da die heutigen Politiker nahezu jeglicher Couleur den Glauben an die Familie verloren zu haben scheinen, haben die Steuerungsvorschläge Professor Lauterbachs leider größere Verbindlichkeit.

In der Tradition unseres Landes, wie auch in unserer Verfassung vorgegeben, soll und muß die Familie als Keimzelle einer jeden Gesellschaft den besonderen Schutz durch den Staat genießen.

Statt dessen werden, mit starrem Blick auf PISA, unsere Kinder mitten in der Vorschulzeit ganztägig in Erziehungsstätten gesteckt. Man glaubt dies wegen einer vorgeblich meßbaren und wissenschaftlichen gesicherten Leistungssteigerung tun zu müssen. Mit Zwang wird die Vor- und Schulkindheit umgebaut und dies als einzige Lösung angeboten.

Diese Sicht auf den sehr jungen Staatsbürger, den der Staat in einer sehr einseitigen Wissens- und nicht Bildungsperspektive frühestmöglich nach seinen Bedürfnissen prägen will, kennt ganz offensichtlich nicht die emotionale und seelische Seite eines Menschen und zumal eines Kindes. Sie würden leistungsoptimierte politische Retortenkinder.

28

Für viele Familien aber gilt die Einsicht: Einer solch einseitigen Ganztageswissensvermittlung darf man dann seine Kinder nicht aussetzen, wenn man ihnen mehr als nur materielle Voraussetzungen für ein Leben in heutiger Zeit mitgeben muß und sie nicht nur für den Verdrängungskampf am Arbeitsmarkt konditionieren will. Dieses Konditionieren für eine rauhe Auseinansetzung im Kampf um Lehr- und Arbeitsstellen ist ein wichtiges Argument der Ganztagesschulenbefürworter. Zumindest muß es in das Belieben der Familie selbst gestellt werden, welchen Anteil am Rüstzeug ihrer Kinder sie selbst vermitteln kann und wo sie die Unterstützung durch staatliche Hilfe annehmen will. Ein Zwang zu einer solchen „Leistungskindheit", möglichst ab dem nullten Lebensjahr und ganztägig, wäre nicht nur vielen Eltern unerträglich, sondern wohl auch für die Zukunft unserer Gesellschaft ungünstig. Es gibt eben nicht nur eine meßbare abstrakte Intelligenz. Moderne Psychologie und Neurobiologie fordern auch „soziale" und „emotionale Intelligenz" (Daniel Goleman).

Der individuelle, auch historisch und kulturell bewußte, herzensgebildete, emotional ausgeglichene, zur Zivilcourage befähigte Mensch und nicht der leistungsoptimierte und supraangepaßte Staatsbürger muß unser aller Ziel sein.

Die Familie und das Kind per Zwang für sich zu instrumentalisieren, ist Kriterium totalitärer Staaten. Kein Staat – und erst recht nicht das Nachkriegsdeutschland mit seinem Bonner Grundgesetz und seiner Verpflichtung auf die Menschenwürde – darf sich seine Bürger aussuchen und sie „uni-formieren", sondern muß sie in ihrer individuellen Menschenwürde respektieren und akzeptieren.

Nach Einsicht vieler ist nur die – intakte – Familie in der Lage, auf Dauer zukunftsfähige Menschen heranzubilden. Sie hat auch zukünftig die Chance dazu, wenn man sie beläßt, unterstützt und ihr Ansehen wieder herstellt. Das, was manche Sozialpolitiker als den Niedergang der Familie bedauern, ist vielleicht auch nur eine vorübergehende Erscheinung unserer heutigen Zeit von Wertewandel und Werteverlusten. Jedenfalls kann die Antwort nicht in der völligen Zerschlagung, sondern nur in der Hilfe zur Wiederherstellung der Familie liegen. Nicht als staatlicher Zwang, sondern als Optimierung der Rahmenbedingungen für die Existenzsicherung der Familie darf hier Sozialpolitik agieren. Daß es heute Familien mit den Rahmenbedingungen und auch materiell sehr schwer gemacht wird, ist unstrittig. Es besteht aber mehr als nur begründete Hoffnung, daß sie wieder reüssieren kann, wenn ihre Zukunft politisch adäquat flankiert wird.

Eine Gesellschaft, deren Keimzelle die intakte Familie ist, kann ihre Menschen in ihrer individuellen Vielfalt und Einzigartigkeit zukunftsfähig machen. Daß sozial und emotional gebildete Menschen kritische und somit gute Bürger sein können, wird dem Staat auch nicht schaden. Es darf aber kein „staatsindustrielles Erziehungsmonopol" geben. Diese „Zwangserziehung" hätte nun sicher keine Zukunft.

Der Zweiklassenstaat Professor Lauterbachs

Das Bildungssystem

Im Folgenden sollen die zentralen Thesen Professor Lauterbachs zitiert und diskutiert werden, interpretierend, nicht wiedergebend. Er rechnet gleich zu Beginn in *„Die Ruhe vor dem Sturm"* aus, daß, *„wenn die Babyboomer abtreten"*, der *„Pool der Talente"* sich auf ein Viertel gegenüber 1964 reduzieren würde (S. 14 und 42). Es ist aber schwierig, sich vorzustellen, daß sich die zukünftigen Abiturientenzahlen auf 25 % des heutigen Niveaus mindern könnten. Im Gegenteil darf wohl angenommen werden, daß allmählich sinkende Schülerzahlen zunächst in eine Verbesserung der schulischen Bildungsmöglichkeiten münden, weil bis zur zu erwartenden Nachregulation mit Stellenabbau durch die Politik die Chance eines relativen Mehr an Lehrern und sonstigen Schulressourcen entstünde, und zwar unabhängig von mehr oder minder einschneidenden Schulreformen.

Die ignorierte Mitverantwortung der Politik

Professor Lauterbachs Bedauern, daß die Wirtschaft – zunächst noch mit deutlicher Minderheit – Forschung und Entwicklung ins Ausland verlagere, scheint er ausschließlich auf die seiner Ansicht nach verfehlte Bildungspolitik zurückzuführen. Kaum einen Gedanken verschwendet er darauf, daß die allgemeine und die Wirtschaftspolitik (seine Partei ist seit einem Jahrzehnt regierungsbeteiligt und somit mitverantwortlich) hier möglicherweise

schlichtweg Fehler begangen haben könnte. Der Wirtschafts-
standort Deutschland leidet unter einer Abschöpfungs- und Re-
gulationspolitik (Steuergestaltung, Zunahme an Verwaltungsaufwand, Komplizierung der Auflagen), die die Wirtschaftskraft insgesamt senkt und damit in der Folge auch die sozialen Systeme
aushöhlt und zerstört.

Der Fetisch immer höherer Qualifikationen

Das hier diskutierte Buch fordert (immer) höhere (Schul-)
Qualifikationen unter der weitverbreiteten Annahme, daß zu geringe Schulbildung die Hauptursache für die zunehmende Zahl
an Langzeitarbeitslosen sei. Allerdings kann es nicht angeben, wie
die Wirtschaft höherqualifizierte und somit teurer gewordene
Arbeitnehmer dann auch tatsächlich beschäftigen soll. Die inzwischen große Dimensionen erreichende „Auslagerung" von Arbeitsplätzen der Industrieproduktion in andere Länder der EU
oder gar nach China ist ja nicht motiviert dadurch, daß dort die
Arbeitskräfte besser ausgebildet oder motivierter seien, sondern
schlichtweg nur deutlich „billiger" sind als bei uns. Selbst Professor Lauterbach muß an anderer Stelle einräumen: *„Bildung hätte
die Schlechtqualifizierten vielleicht vor Arbeitslosigkeit bewahrt. Auf
jeden Fall hätte sie ihnen ermöglicht, den Verlust ihres Arbeitsplatzes
durch kreative oder ehrenamtliche Tätigkeiten zu kompensieren."*
(S. 180). Das ist sicherlich nicht zynisch gemeint.

**Den Beweis jedenfalls, daß „ein besseres Bildungssystem" den
parallel zur Beschäftigungsquote zu erwartenden Rückgang des
Wohlstandswachstums würde aufhalten können, bleibt das hier
diskutierte Buch schuldig.**

32

Arbeitslosigkeit heute

Das hier diskutierte Buch bemängelt eine *„herbeifeuilletonierte Hartz-Panik"* (Wann endlich verschwindet dieser belastete Name aus dem sozialpolitischen Vokabular?). Es scheint aber zu verkennen, daß diese Politik das Schicksal eines älteren Arbeitnehmers, der bisher das Abgabensystem unseres Landes klaglos hat bedienen können, bestimmen wird. Selbst wenn dieser unverschuldet (etwa durch Konkurs seiner Firma) seine Arbeit verliert, wird er dank „Hartz IV" als Mittfünfziger binnen zweier Jahre alles Erarbeitete verloren haben. Dies ist politisch und menschlich unerträglich:

Er wird vor seinen Kindern und Enkeln als Mittelloser dastehen, so, als habe er seiner Lebtag nichts geleistet. Dies ist nicht Feuilleton, sondern leider recht häufiges Mittelschichtschicksal!

Selbst im mittleren Management, bei dem zunehmend mehr relativ junge bislang Gutverdienende durch Firmenfusionen „freigesetzt" werden, sind die Segnungen einer Agenda-2010-Politik angekommen!

Staatskinder

Wer als ein im hier diskutierten Buch sogenannter Babyboomer (Geburtsjahrgänge 1950 bis 1968) im Westen aufgewachsen ist, wird sich daran erinnern, wie vehement die Bildungspolitik oder besser die staatliche Einvernahme schon der Vorschulkinder durch die DDR auf bundesrepublikanischer Seite kritisiert und abgelehnt worden ist: Man unterstellte Ideologisierung statt familiärer Prägung, frühe Funktion für den Staat statt Nestwärme, Mißbrauch zum Ausspionieren der Elternhäuser mit oft unfreiwilliger Denunziation der Eltern durch ihre Kinder, Fehlen einer Familien-Imago, Austauschbarkeit prägender Erwachsener statt elterlicher Zuverlässigkeit und Liebe. Dazu gehörte auch, daß Schichtung und Schichtbewußtsein dadurch verhindert werden sollten, daß Akademikerkindern das Studium möglichst versagt wurde, während die Arbeiter- und Bauernkinder (Diktion der untergegangenen DDR) die Akademiker der Folgegeneration stellen sollten und wohl auch stellten. Dabei wurde nicht nur bewußt und aktiv in die Lebensplanung von Familien eingegriffen, sondern es wurden so auch besonders dankbare Aufsteiger erzeugt. Nur der Vollständigkeit halber sei (zeit)geschichtlich festgehalten: 1989 hat unser westliches System das der DDR überwunden, unser Wirtschafts- und Wissenschaftssystem überflügelte das Zwangssystem des sozialistischen Nachbarstaates. Und noch dazu: Das Ende der DDR erreichten weder hüben noch drüben die „Privilegierten", sondern es waren die Bürger selbst, im Geist des hier diskutierten Buches eher „die da unten". Wir müssen jetzt nur sorgsam darauf achten, daß nicht unsere gesamtdeutschen Privilegierten im nachhinein dem traurigen Menschenbild der untergegangenen DDR zum Erfolg verhelfen und denen „da unten" nachträglich ihren einzigartigen Triumph nehmen.

Die beschränkende und einengende DDR überwunden haben die Normalbürger. Unsere heute Etablierten scheinen aber manchen Mechanismen dieses Staates zu einem nachträglichen Sieg verhelfen zu wollen.

Soweit die Vorbemerkungen zum Kapitel *„Das erste und wichtigste Versagen unseres Bildungssystems"*. Nur scheint jetzt nicht mehr die politische Staatskonformität, sondern der Fetisch „Leistungsfähigkeit" der Kinder das Ziel, und zwar um jeden Preis. Es bedeutet in den Augen vieler den Verlust der Kindheit, wenn Kinder schon vom ersten Lebensjahr an familienfern institutionalisiert betreut werden. Daß dies staatlich – und zwar ab dem dritten Lebensjahr per Zwang zur Vor- und Ganztagsschule beziehungs-

34

weise -betreuung – geschehen soll, war schon zu DDR-Zeiten falsch und wird auch durch eine Neuauflage gesamtdeutscher Linksromantik nicht besser.

Fernsehkonsum

Ein Argument, das für die Verflachung bundesdeutscher Vorschulentwicklung herangezogen werden müßte, aber im hier diskutierten Buch nicht auffindbar ist, ist das Problem Fernsehen und Privatfernsehen, auch mit den sogenannten Kinderprogrammen. Hier findet nach Einschätzung vieler Verdummung im unterhaltungsindustriellen Maßstab statt. Diese mediale Tristesse wird manchen Familien, denen der geistige Umgang ihrer Kinder nicht gleichgültig ist und die hier restriktiv sind, oft erst klar, wenn sie mit den Konsumgewohnheiten anderer konfrontiert werden. Eine Kulturnation aber brauchte andere Vor-„Bilder".

Über die Schädlichkeit des Fernsehkonsums sollten sich Bildungspolitiker viel mehr Gedanken machen und dabei Kreativität und Ehrgeiz entwickeln. Es kann der Eindruck entstehen, daß Verflechtungen zwischen Politik, Fernsehen und Wirtschaft hier wirklich freies Denken und Handeln erschweren oder gar verhindern, sinnvolle Barrieren im kindlichen Fernsehkonsum und in der auf Kinder gemünzten Werbung zu schaffen. Unsere Kinder jedenfalls besser als bisher vor dieser subtilen und geistig wenig förderlichen Beeinflussung zu schützen, müßte unserem Staat auch gelingen, ohne die Kinder ganztägig in Betreuungseinrichtungen familienfern unterbringen zu wollen. Was schon helfen könnte, wäre, immer wieder auf die Gefahren aufmerksam zu machen und ein kritisches Bewußtsein zu schaffen. Vornehmes – oder betroffenes – Schweigen schadet hier nur. Hier wäre Klarheit und Lautheit unbedingt angebracht. Der Bürger muß dies aber vielleicht deshalb missen, weil eigene multimediale Omnipräsenz unseren „Privilegierten" unentbehrlich zu sein scheint.

Kindheitsprägungen und Familie

Die meisten Eltern heutzutage wissen, daß die ersten Lebensjahre nicht nur für die Lernleistung, sondern auch beispielsweise für die Seelenbildung und Individualisierung sowie die Ausbildung der sozialen und emotionalen Intelligenz, kurz: für die Prägung, existentiell wichtig sind. Dazu liegen unzählige international akzeptierte Forschungsergebnisse beispielsweise der modernen Entwicklungspsychologie und Neurobiologie vor. Nach alter Übereinkunft – und auch nach unserer Verfassung – ist die Familie als Keimzelle jeder Gesellschaft dafür der beste Platz.

Professor Lauterbach postuliert: Die für die *„Frühförderung … optimal geeignete Altersgruppe [sei die] der Null- bis Dreijährigen … in einer Kindertagesstätte, … wenn dies unter kulturellen und sprachlichen Gesichtspunkten nötig wäre"* (S. 22). Er sieht also nicht vor, daß „Entwicklungsdefizite" stundenweise außer Haus oder gar per Hausbesuch durch den Therapeuten in der Wohnung einer Familie behoben werden könnten (etwa im Rahmen einer „mobilen Frühförderung"). Das wichtigste Gegenargument aber ist, daß er es offensichtlich nicht versucht, generell die Eltern in die Förderung der Säuglinge und Kleinkinder einzubeziehen. Er zeigt keinen integrativen Ansatz und wenig Vertrauen in die Familie oder gegebenenfalls in ihre Förderungsfähig- und –würdigkeit.

Die Überlebens-Chancen von „Frühchen" hatten sich erst fundamental verbessert, seitdem man vor circa 20 Jahren die ultimative Vorstellung eines „keimfreien" Aufwuchses im Brutkasten aufgab und Eltern Hautkontakt mit ihren Kindern erlaubte. Was für das körperlich noch unreife Frühgeborene gilt, gilt auch für jedes andere kleine Kind, gerade wenn es „Entwicklungsschwierigkeiten" zeigt. Auch diese Kinder profitieren von großer elterlicher Nähe: Aussichtsreicher als die Herausnahme eines Säuglings oder Kleinkindes aus der Familie in die Kindertagesstätte wären Hilfsangebote in die Familien hinein, mit förderndem Charakter auch für Eltern und Geschwister. So gibt es Familienhilfe unterschiedlicher Träger, die in der Familie Erziehungskompetenzen fördern sowie externe und interne Hilfsangebote vermitteln. Defizite kleiner Kinder aufzuarbeiten oder zu verhindern kann dauerhaft und effizient nur gelingen durch aktiven Einbezug des gesamten familiären Umfeldes. Eine wirksame Prävention darüber hinaus könnte gelingen durch einen umgestalteten Sozial- und Sexualkundeunterricht, der neben den Aspekten einer gelingenden Partnerschaft auch Hilfsmöglichkeiten für junge Familien und eine Basis für Erziehungskompetenzen vermittelt. Die Wissensvermittlung über Verhütungstechniken und Vermeidung von Geschlechtskrankheiten allein, die hier offensichtlich nicht selten einziger Lerninhalt zu sein scheint, ist jedenfalls keine ausreichende Vorbereitung auf das zukünftige Leben und bevölkerungsstrategisch zudem kaum hilfreich.

Akademische Erzieher und Erzieherinnen

Wer soll nach Professor Lauterbach die Kinder in diesen Ganztageseinrichtungen erziehen? *„Akademisch ausgebildete Erzieher und Erzieherinnen würden die Kinder mit wissenschaftlich gesicherten Konzepten auf die Schule vorbereiten"* (S. 45). Die offensichtliche Einschätzung, gemutmaßten „Leistungs"defiziten der heutigen Erzieherinnen nur durch eine Akademisierung entgegenwirken zu können, bleibt unbefriedigend. Man benötigte akademische Mediatoren allenfalls dann, wenn es sich bei der „Lehranstalt" (Früh-)Kindergarten tatsächlich um verkappte Schulen handeln sollte.

Gerade bei der Erziehung des jungen Kindes geht es eben nur sehr nachrangig um Wissensvermittlung, sondern vielmehr um den empathischen Umgang, den verläßlichen engen elterlichen Kontakt. Dienst- und Schichtpläne können genau dieses nicht leisten. Das, was elterliche und großelterliche individuelle Aufmerksamkeit für das Kind (Glanz im Auge der Mutter) auch nach heutigen modernen Forschungen bedeutet, kann eine noch so gute professionelle Kraft nicht erreichen.

Professor Lauterbachs vehemente Forderung nach dieser Akademisierung zielt auf eine völlige Neustrukturierung des Vorschulerziehungswesens. Es steht zu befürchten, daß die Menschen, die das bisher geleistet haben, folgerichtig freigesetzt werden. Die menschliche Zuwendung droht der wissenschaftlichen Standardisierung und Präzisierung geopfert zu werden. Es scheint absehbar, daß wie heute schon in der Altenpflege Dokumentation und Qualitätsnachweise zeit-, spontaneitäts- und kreativitätsraubend wirken und die eigentliche Arbeit am Menschen zurückdrängen.

Die Anbindung an „wissenschaftlich gesicherte Konzepte" steht in einem nichtausgesprochenen Widerspruch zur „Berufserfahrung". Bislang war nach Abschluß der nichtakademischen Ausbildung zur Erzieherin die über die Tätigkeit sich festigende persönliche Erfahrung, die sich auch in der Interaktion mit Kolleginnen und Eltern bildete, prägend für Berufsverständnis, Berufs(selbst)bewußtsein und Berufsausübung. Lebenslanges Lernen und permanente Fortbildung nicht durch Außenkontrolle und Zertifizierung, sondern durch interne Supervision und wechselseitige soziale Kontrolle. In der neuen Welt der „wissenschaftlichen Sicherung" im Pädagogenberuf, die im Studium immanent installiert würde, aber blieben die Wissenschaftler, die jederzeit mäßen und die Vorgaben änderten, die „Qualitätsgaranten". „Wissenschaftliche Sicherung" heißt zuallererst Abhängigkeit vom Urteil der involvierten Wissenschaftler, die ihrerseits wohl unter dem Primat der Politik stünden.

Die individuelle Berufssozialisation auch durch „Learning by Doing" soll ersetzt werden durch Überstülpung mit lernbaren und prüfbaren Inhalten und Zielen und sie extern kontrollierbar halten.

Statt dessen wäre das erweiterte Angebot regelmäßiger Supervision – natürlich auch von außen – und vermehrter Fort- und Weiterbildungsmöglichkeiten berufsbegleitend sinnvoll, bei der nicht Druck, sondern Attraktivität des Angebots zur Teilnahme motiviert.

Zweiklassige Kindheit

Für die vom Bildungssystem benachteiligten Kinder (*„aus Arbeiterfamilien und … mit Eltern mit einem anderen kulturellen und sprachlichen Umfeld"*) hält das hier diskutierte Buch die Segnungen einer vorschulischen Förderung für wissenschaftlich ausreichend gesichert (S. 26). Es postuliert, daß die Chancenungleichheit in Deutschland aus einem fehlenden guten Angebot des Staates zur gezielten Förderung benachteiligter Kinder herrühre. Abhilfe böte sich nur den Wohlhabenden durch privaten frühen Förderunterricht, Kindertagesstätten oder private Kindergärten, am meisten aber durch einen gebildeten Umgang der Eltern mit ihren Kindern: *„Dabei geht es … um den Einfluß der Eltern selber. Je besser etwa die sprachlichen Fähigkeiten der Eltern sind, je ausgiebiger sie sich differenziert mit dem Kind unterhalten, je mehr sie ihm erklären, desto besser steht es um die Lernfähigkeit des Kindes, wenn es in die Schule kommt"* (S. 27). Wo sonst das hier diskutierte Buch die Familie meist als Ursache und Ort des Versagens zeichnet, beschreibt es mit letzterem positiv, was jede Familie tagtäglich für ihre Kinder und somit für die Gesellschaft leistet. Doch genau in diesem Beitrag aber begründe sich der Zweiklassenstaat im Bildungsbereich, weil die Kinder anderer Herkunft diese Förderung – wie gesagt: die durch den gebildeten Umgang der Eltern mit ihren Kindern – nicht erführen.

Leistet eine Familie das, was alle Erziehungswissenschaft fordert, gelten ihre Kinder als ungerechtfertigt privilegiert.

Das hier diskutierte Buch kennt aber auch das vernachlässigte Kind, um das sich die Eltern – oder die/der Alleinerziehende – unzureichend kümmerten. Dieses müsse der Staat schützen und *„fördern, egal, was die Mutter (oder der Vater) denkt oder will".* Trotz eines nachdenkenswerten wahren Kerns erscheint diese Einschätzung zumindest problematisch. Ist eine solche „Wegnahme" der Kinder verfassungskonform? Wie gesagt: Es geht nicht um Mißbrauch oder sonstige kriminelle Taten des/der Erziehungsberechtigten, sondern um ein Nichtwahrnehmen einer nach Sicht der jeweils aktuellen Sozial- und Bildungspolitik optimalen Erziehung zur Leistung! Professor Lauterbach will *„die Defizite in der Leistungsfähigkeit und Leistungsbereitschaft"* bekämpfen, kennt dabei aber offensichtlich keine Emotionalität und keine spirituellen Bedürfnisse oder inter- und intrakulturelle Vielfalt.

Statt Problemfamilien wirklich zu unterstützen, will er ihnen die Kinder wegnehmen, konsequenterweise mit einer Pflichtganztagesvorschulbetreuung und Pflichtganztagesschule. Freiwilligkeit, einer Demokratie wesentliche Säule, gibt es da nicht und wird sogar explizit verweigert.

Ein völlig anderer Ansatz wäre, wenn man in die (Teil--)Familien und besonders in Familien mit anderem ethnischen Hintergrund staatliche und nichtstaatliche Hilfs- und Bildungsangebote hineintrüge. Es hilft beispielsweise in Migrantenfamilien wenig, wenn den Kindern bessere Chancen geboten werden, aber die Mütter keinen Anschluß an unsere Gesellschaft bekommen und ihre „Ghettoisierung" verschärft wird. Die Voraussetzung auch und gerade für Familien, die nach Deutschland zugezogen sind, ist die Beherrschung der deutschen Sprache in Schrift und Wort für alle Mitglieder dieser Familien. Das trifft auch für die Elterngeneration, insbesondere für die Mütter, zu, die oft durch mangelnde Außenkontakte – sie sind nur selten qualifiziert berufstätig – keinen Spracherwerb und keine Sprachübung im Gastland erfahren. Die Teilhabe an Sprache und Kultur ist aber auch für sie unentbehrlich. Wird nur das „Potential" der Migrantenkinder „abgeschöpft", wird entweder die Autorität der Mütter untergraben oder sie werden erfolgreich darauf drängen, daß im häuslichen Bereich möglichst viel von der Sprache und Kultur des Gastlandes ausgeschlossen bleibt. Diese Mütter werden von ihren Kindern als unautonom erlebt und bedürfen für alle Außenkontakte wie Arztbesuch eines Dolmetschers, eine Rolle, die oft den manchmal noch sehr jungen Kindern zufällt. Beides ist für die weitere Entwicklung ihrer Kinder ungünstig: Entweder werden sie – vor allem die Söhne – so leichter zu „Machos", die ihre Mütter, aber auch generell Frauen, etwa ihre Lehrerinnen, nicht anerkennen können. Oder sie leiden unter der Zerrissenheit einer negativ besetzten Bikulturalität. Das grundsätzlich positiv Bindende von Heimat und Muttersprache kann im Konflikt stehen zum lernleistungsfordernden Gastland. Der grundsätzliche Vorteil einer Zweisprachigkeit und Bikultur im „Europa der Vaterländer" schlägt hier zum Nachteil um und wird Konfliktherd. Die Muttersprache wird assoziiert mit einem oft sehr integrativen, warmen, vor Belastungen der Umwelt schützenden Zuhause, während die Sprache des Gastlandes mit (Leistungs-)Forderung und Wettbewerb, vielleicht sogar Überforderung und sicher nicht zu selten mit Mobbing in Verbindung gebracht wird.

Integration von Kindern in unsere Kultur – unabhängig von ihrer ethnischen Herkunft – bedeutete eine gänzlich andere Sicht auf

Kunst und Sport. Es müßte ein – für die Familien kostenloses – sehr breites Angebot an bildender und ausführender Kunst und breitest angelegtem Sport entstehen. Man förderte dabei Kinder nicht nur in den speziellen Techniken, sondern auch in ihrer Intelligenz, und verbesserte die soziale Interaktion und Kompetenz. Dabei kommt es darauf an, ein Musikinstrument zu spielen, in einem Chor mitzuwirken oder einen Sport auszuüben und nicht, in „Jugend musiziert" zu brillieren oder Landesmeister einer beliebigen Sportart zu sein.

Die Hauptschule

Professor Lauterbach will die Hauptschule, weil selbst Schüler mit erfolgreichem Abschluß stigmatisiert seien, völlig abschaffen (S. 33) und kämpft gegen das dreigliedrige Schulsystem. Daß möglicherweise auch Wissensbedürfnis, Leistungsfähigkeit und Leistungsbereitschaft individuell unterschiedlich und somit in der Gesellschaft „gegliedert" sein können, läßt er nicht gelten. Eine Ablehnung der Hauptschule durch Spitzenpolitiker stellt selbst eine Stigmatisierung dar. In vielen Berufen aber gibt es hochleistungsmotivierte, fähige und erfolgreiche ehemalige Hauptschulabsolventen.

Hauptschulen werden auch heute noch keinesfalls nur von Kindern, die einer Negativauslese entsprechen, besucht. Eine Flexibilisierung des erreichbaren Schulabschlusses bleibt sicher weiterhin erforderlich, doch sollten auch diejenigen, die mit der Hauptschule abschließen, ihren adäquaten Platz und eine akzeptierte Rolle in unserer Gesellschaft finden können. Kinder sind auch heute noch sehr unterschiedlich in ihrem Entwicklungstempo und der daran geknüpften Leistungsbereitschaft und –möglichkeit. Allein schon diese Individualität – Kindheiten mit unterschiedlichen Geschwindigkeiten – erzwingt differenzierte Schultypen. Eine kindgerechte Pädagogik kann ohne weiteres akzeptieren, daß Kinder sehr unterschiedliche Zeitökonomie und Spielbedarf haben. Dies schließt die Freiheit zur stofflernerischen Ineffizienz und zum Kreativen explizit ein.

„Migrantenkinder"

Unbedingt zuzustimmen ist Professor Lauterbauch, wenn er die stärkere Integration der Kinder der Migranten fordert.

In seiner Argumentation aber berücksichtigt er viel zu wenig, daß Familien, die nach Deutschland umziehen, nicht nur eine eigene Sprache, sondern auch eine ganze Kultur mitbringen. Diese die Abstammung der „Migrantenkinder" bestimmenden Wurzeln einfach zu kappen, hälfe überhaupt nicht. Ihre Integration in unsere Gesellschaft gelingt nur durch Weiterentwicklung aus diesem Kontext und nicht durch dessen Zerstörung. Die doppelte Entwurzelung (Verlust der alten Identität, ohne eine vollständige neue zu erhalten) wäre die Folge.

Es ist nirgendwo erkennbar, daß er diese „Wurzeln" wahr- oder ernstnähme, aber sehr wohl, daß er durch Ganztagesbetreuung eine Potentialausschöpfung und wohl auch weitgehende Assimilation für erreichbar hält. Allerdings scheinen ihm als Indikatoren Schul- und Berufsausbildungserfolge dafür auszureichen.

Selbst der Erhalt beziehungsweise bei bilingual schlechter Sprachbeherrschung gezielte Förderung der Zweisprachigkeit und damit auch der Bikulturalität sind für ihn offensichtlich keine Ziele. Selbst ein „zusätzliches" Unterrichtsangebot in der Muttersprache begründet er lediglich in einer Verbesserung der (meßbaren) *Bildungsergebnisse*" (S. 46). Dabei müßte, will man in diesem Land ehemals Fremde tatsächlich integrieren, gerade der Erhalt der Andersartigkeit, das Weiterlebenkönnen in der bisherigen Kultur, parallel zur Wirklichkeit im aufnehmenden Deutschland zentrales Bemühen sein.

Im Verständnis vieler Politiker wäre das die Gegenkultur, die unser Gemeinwesen gefährdende Staat-im-Staate-Bildung. Um aber hier in Deutschland richtig ankommen zu können, muß man eine Heimat haben, aus der man sich dann auf den Weg machen kann. Ein entwurzelter Baum wächst ja auch nicht mehr an!

Der Respekt vor diesen anderen, uns Deutschen oftmals fremden und nur schwer verstehbaren Wurzeln setzt aber auch voraus, daß man Menschen, die nicht in unserem Land geboren oder die in „Migrantenfamilien" aufgewachsen sind, nicht von vornherein als defizitär ansieht.

Ihnen fehlen nicht die Voraussetzungen, sie haben nur zum Teil andere und möglicherweise auch solche, die einem Hineinwachsen in unsere Gesellschaft entgegenzustehen oder zumindest nicht förderlich zu sein scheinen.

„Das größte ungenutzte Potential sind die Kinder der Migranten" (S. 34), aber nicht nur in einer wie auch immer gearteten Bildungsoffensive, sondern besonders darin, daß Deutschland für seine Überlebensfähigkeit auch auf längere Sicht den Zuzug braucht. Dies setzt aber eine innere Akzeptanz auch unsererseits voraus. Zahlreiche seiner Äußerungen werten aber eher ab und negieren eine gleiche Augenhöhe: *„Fehlt [es] an ganztägigen Angeboten, in denen die Kinder das Lernen und nicht die Gesetze der Straße lernen"* (S. 37), *„[durch] Ganztagsschulen [werden Migrantenkinder] ihrem oft leistungsfeindlichen und gewalttätigen Milieu weitgehend entzogen"* (S. 36) oder *„Nur ein Zwang zur Sprachförderung und zur ganztägigen Vorschule … kann überhaupt die Voraussetzungen für die Integration der Migrantenkinder leisten"* (S. 38).

Solche Zuschreibungen scheinen zur inneren Integration ungeeignet und nicht gastfreundlich zu sein.

Die Kosten der neuen Einheitskindheit

Sowohl im Einsatz geldlicher Mittel wie auch im Durchsetzen von ganztagsbetreuenden Vor- und obligatorischen Gemeinschaftsschulen scheint Professor Lauterbach nur den Zwang zu kennen. Freiwilligkeit oder Parallelität verschiedener Kindheiten will er nicht zulassen. Die Mittel für diese neue Einheitskindheit beziffert sein Institut mit insgesamt 29,1 Milliarden Euro, die er durch eine Erbschaftssteuererhöhung und durch *„Streichung von familienpolitischen Leistungen"* (S. 53) beschaffen will.

Typisch für den Umgang der bundesdeutschen Familien- und Sozialpolitik mit dem innenpolitisch sensiblen Thema „Geldumschichtung" ist, daß sie besonders gern auf die Füße jeweils anderer Gruppen zu treten scheint. Beschaffung von Geld für den Zweck einer Ganztagesbetreuung von Kindern aktiviert das Thema „Erbschaftssteuer" (eine an sich notwendige Diskussion, nur hier im Kontext unnötig provokativ) und bringt die „Erbschaftssteuergeschädigten" weniger gegen eine stetig steigende Steuerquote oder die Sozialpolitik als vielmehr gegen die Familien in Stellung.

Der „Solidaritätsbeitrag" finanziert den Aufbau der sogenannten neuen Bundesländer, die Tabaksteuererhöhung die Auslandseinsätze der Bundeswehr, die Kraftfahrzeug- und die Energieökosteuer den Ausbau erneuerbarer Energien, die Krankenkassengebühr die Senkung der Krankenkassenbeiträge etc.

Der Steuerbürger erlebt aber in all diesen Fällen schlichtweg nur eine Erhöhung der Abgabenlast, allen gegenteiligen Schwüren unserer Politiker zum Trotz.

Und dennoch: Wenn ein dem freiheitlichen Demokratieverständnis zuwiderlaufendes Erziehungsmodell, dessen Erfolg zwar versprochen, aber keinesfalls bewiesen ist (wir Bürger sind bei

Politikerversprechen aus schlechter Erfahrung heraus ohnehin skeptisch), warum dann nicht ein vollständig freiwilliges Modell der Vorschulbetreuung und auch der Schulzeitnachmittagsgestaltung? Was Familien – wie gesagt, je nach Kinderzahl sehr weit in den Mittelstand hinein – bis zur Existenzgefährdung belastet, sind die Kosten, die Kindheit heute verursacht. Für jedes Kind dürften Eltern in jedem Monat mindestens etwa 500 Euro aufbringen. Außer daß viele seiner Angebote „kostenlos" sein sollen, findet diese objektive Finanzlast bei Professor Lauterbach leider keinen Eingang. Im Gegenteil: Die Angebote seiner neuen Bildungspolitik geben das Motiv zur *„Streichung von familienpolitischen Leistungen"* (S. 53)!

Das hier diskutierte Buch geht davon aus, daß in diesem Land die Zahl der Kinder deshalb schrumpfe, weil sie den Eltern bei ihrer beruflichen Selbstverwirklichung im Wege stünden. Daß vielleicht eine unbestreitbare allgemeine Familienfeindlichkeit auch unserer politischen Eliten (die wollen, daß „das Geld bei den Kindern und nicht bei den Familien ankomme") die Elternschaft mannigfach erschwere, kommt ihm nicht in den Sinn. Wie man hier offensichtlich die Welt der „Unterschichtkinder" sieht, zeigt, daß man nur wenig Vertrauen in die Familie als Keimzelle unseres Gemeinwesens hat.

Auch seine Abhilfen, die wir uns als Staat schließlich fast 30 Milliarden Euro pro Jahr kosten lassen sollen, sind aus Sicht vieler Familien, die mit und für ihre Kinder um eine lebenswerte Zukunft kämpfen, keinesfalls alternativlos.

Ein familienpolitisches Gegenmodell

Auch wenn es nicht in die politische Gegenwartsdiskussion zu passen scheint: Man kann das allmähliche Aussterben unseres Volkes auch damit begründen, daß in einer zunehmend materialisierten Zeit das „Kinderhaben" einfach zu teuer und zu einschränkend ist, zumal für den Mittelstand. Auch die angeblich freie Entscheidung, seine Kinder zu Hause selbst erziehen zu wollen, bedarf materieller Grundlagen. Laut Statistischem Bundesamt liegen die Gesamtkosten pro Kind bei weit über 500 € pro Monat. Zieht man davon die Kosten ab, die bei weitgehend kostenlosen kulturellen und sportlichen Angeboten (dies wäre beispielsweise eine für das Kind und seine Eltern kostenlose Musikschule) eingespart würden, ergibt sich folgender Denkansatz: Wie wäre es mit einem freiheitlichen Gegenmodell zum Professor-Lauterbachschen Zwang?

Man gibt staatlicherseits Eltern das Geld in die Hand, das ihnen ihre Kinder nun einmal kosten, das heißt mindestens 500 € je Kind und Monat bis zum 18. Lebensjahr.

Das ergäbe bei der heutigen Kinderzahl eine Summe von circa 75 Milliarden Euro im Jahr, nicht unendlich weit entfernt von der Summe, die Professor Lauterbach zum Umsetzen seiner Einsichten benötigte.

Hat man den Glauben an die Selbstgestaltungsfähigkeit des Bürgers in unserer Demokratie, an seine Würde, nicht vollends verloren, kann man diesen Weg getrost gehen.

Ein solches Modell hätte allerdings nur dann die Chance auf eine durchschlagende positive Wirkung, wenn man es planbar machte. Es müßte daher für 10 Jahre glaubhaft garantiert werden.

So lange würde es sicherlich dauern, bis wir Eltern wieder Vertrauen in die Zukunft gefaßt hätten. Eine Zukunft, in der sich Eltern, unabhängig von ihrer Zugehörigkeit zu irgendwelchen Schichten, für oder gegen das Zuhausebleiben eines Elternteils entschließen könnten. In ihm könnten sich Betreuungs- und Förderungsformen nach den Gesetzen der (sozialen) Marktwirtschaft durch Angebot und Nachfrage herausbilden. Es könnte sich bewähren oder begründet wieder aufgegeben werden.

Was fehlte, wäre der Große Bruder, der ungefragt steuert und schützt, manipuliert und leistungsoptimiert. Aber vielleicht würde man ihn gar nicht vermissen.

Und den Teil des Geldes, den man vielleicht für Durchführung und „wissenschaftliche Begleitung" einer solchen Neustrukturierung einsetzen wollte, könnte man getrost einsparen, indem man den gesamten staatlichen Meß- und Qualitätssicherungsapparat insgesamt abrüstete.

Und nach zehn Jahren könnte man Bilanz ziehen, ob die Bürger mit den Mechanismen der sozialen Marktwirtschaft, die ihnen schon eine Generation zuvor einen „Babyboom" und Wohlstand beschert hatten, nicht auch die Zukunft meistern können.

Mut zum Wagnis? Vertrauen auf einen eigenen Weg? Ja, unbedingt!

Das Gesundheitssystem

Gesundheitsökonomie versus ärztliche Erfahrung

Schon die Eingangskasuistik irritiert einen alten Hausarzt: Es ist nach meiner persönlichen Erfahrung eine hochgradige Rarität, daß ein als Arzt tagtäglich mit Krankheiten und ihren Folgen Befaßter für die Behandlung einer eigenen Krankheit einen fachfremden – faßt man tagtägliches Handeln und Behandeln in Diagnostik und Therapie als das eigentliche Arztsein auf, sogar berufsfernen – Mediziner nach der optimalen Behandlungsstätte fragt, zumal er ihn persönlich nicht kennt. Viel eher ist es normal, daß man in seinem Netzwerk der Kolleginnen und Kollegen, mit denen man in seiner täglichen Arbeit zu tun hat, fragen würde, wie sie selbst weiter vorgingen. Darüber hinaus muß man mehr als nur skeptisch sein bei der apodiktischen Behauptung: *„In der Tat, im Falle einer schweren Erkrankung würden sich die meisten Ärzte niemals den Kollegen anvertrauen, die ihre eigenen Patienten vor Ort versorgen"* (S. 57).

Dies mag in der arbeits- und berufsfernen Ära eines parlamentarischen Olymps so sein, für die Wirklichkeit meiner niedergelassenen und Krankenhauskollegen aber behaupte ich genauso sicher, daß sich die meisten von uns denjenigen anvertrauen, denen wir auch unsere Patienten anvertrauen.

Das Bild vom Arzt, das hier Professor Lauterbach zeichnet, wirkt wirklichkeitsfern und im Kontext tendenziös. Es beschreibt nicht den Arzt, der tagtäglich seine Pflicht – und dies überwiegend gern – tut und der unter den Einlassungen und Mutmaßungen der Politiker sich nicht nur nicht verstanden, sondern auch in erheblichem Maße in seinem beruflichen Streben behindert fühlt. Die Skepsis der Kollegenschaft gegen „Ratings" ist noch weiter verbreitet als die Unsicherheit, was im Falle eigener Erkrankung zu tun wäre!

Auf gleicher Linie liegt es auch, wenn Professor Lauterbach sich ständig (wöchentlich) von Politikerkollegen um Rat zur Wahl des richtigen Spezialisten für Verwandte oder die Lebenspartnerin angegangen sieht (S. 61). Im wirklichen Leben dürften immer noch die Skeptiker, inwieweit „Arztqualität" überhaupt meßbar ist, überwiegen.

Die Wahl eines Arztes ist für die meisten nicht das „Anklicken" eines Testergebnisses (von wem mit welchen Intentionen auch immer gewonnen!), sondern eine klare Frage des Vertrauens, die demjenigen gestellt wird, der auch sonst das Vertrauen seines Patienten genießt.

Es sind dies nun einmal die niedergelassenen Ärzte, zumindest für die meisten aus dem Wahlvolk Professor Lauterbachs. Und wenn sie für andere fragen, dann sind es in der Regel nicht die „Lebenspartnerin", sondern die Ehefrau oder der Ehemann, und sie fragen nicht für „irgendwelche" Verwandte, sondern für Kinder oder Eltern. Oft genug sind auch diese dann sogar unsere „eigenen" Patienten, und der Dialog geht dann nicht über sie, sondern mit ihnen. Aber vielleicht erlebe ich ja gar nicht tagtäglich die Wirklichkeit – zumindest nicht die, die Professor Lauterbach zu beschreiben vorgibt!

Die private Krankenversicherung

Vollends diskrepant von der aus niedergelassener Perspektive einsehbaren Wirklichkeit ist das im Kapitel *Im Zweifel privat versichert* Wiedergegebene: Auch der gesetzlich Versicherte kann einem Klinikchef vorgestellt werden. Wenn seltene oder schwierige Erkrankungen auftreten, wird der Hausarzt gegebenenfalls den niedergelassenen Facharzt zu Rate ziehen, spätestens dieser hat dann praktisch immer ein direktes Überweisungsrecht zur ambulanten Vorstellung bei Klinikärzten, auch bei den von Professor Lauterbach in klassischer Bildung so zu benennenden ärztlichen *„Giganten"* (S. 58). Warum ein solcher – völlig üblicher und viel beschrittener Weg – nicht existieren sollte, ist wohl damit zu erklären, daß man diese Spezialisten aus weltanschaulichen Gründen lieber *„vornehmlich oder ausschließlich Privatpatienten"* (S. 58) behandeln lassen will.

Eine beachtliche Inversion von Mitfinanzierung der jeweils anderen Versichertengruppe gelingt dem hier diskutierten Buch auch, wenn es die Privatpatienten und ihre Behandler als Nutznießer staatlich finanzierter Universitätskliniken sieht. Privatärztliches Honorar an Kliniken wird nämlich um einen Kostenanteil für die

Einrichtungen (wohl in den meisten Chefarztverträgen um 15 %) gekürzt, das heißt, die Kliniken „verdienen" an den ambulanten Privatpatienten mit. So weiß das hier diskutierte Buch ja an anderer Stelle: *„Die Zweiklassenmedizin macht eben nicht nur den Chefarzt reich, sondern die ganze Klinik"* (S. 65).

Umgekehrt ist es im niedergelassenen Bereich, zu dem im hiesigen Kontext leider nichts mitgeteilt wird: Praxisausstattung und Geräte bezahlen die Praxisinhaber, kein Staat, keine Institution. Die angeblich allmähliche Erstattung dieser Investitionen über die Abrechnungen bei den Kassenpatienten ist so niedrig, daß zumindest für den Allgemeinarzt die größeren Geräte in betriebswirtschaftlicher Sicht weitestgehend Zuschußgeschäfte bleiben (was selbst nach hochrichterlichem Urteil vom Kassenarzt so hinzunehmen ist). Wenn hier jemand mitfinanziert, dann sind es die vergleichsweise wenigen Privatpatienten einer Hausarztpraxis. In Professor Lauterbachs Diktion hieße dies dann:

Der Kassenpatient profitiert ohne (wesentliche) Bezahlung von den vorhandenen Geräten einer niedergelassenen Praxis. Punktum!

Die Beschreibung, als Patient müsse man *„'shoppen' gehen"*, um *„an einen guten Arzt oder eine gute Klinik zu gelangen"* (S. 61), mag modern sein und den Arzt- und Klinik-Qualifizierern Rechtfertigung und Brot geben, beschreibt aber genau die Medizin, wie sie eigentlich jedem „Qualitätssicherer" ein Graus sein müßte. Ohne die wertvolle Erfahrung der Ärzte, die einen Patienten langjährig kennen, und ohne die Erkenntnisse derer, die die Diagnose gestellt haben, tingelt ein Kranker los und kauft ein, durch mit Lobby- und Werbeinteressen verquickte verfügbare Informationsquellen geleitet oder gar verführt, aber nicht kompetent und neutral beraten. Man mag zu den vielen Neuerungen, die interessierte Kreise unserem Medizinsystem meinen antun zu müssen oder zumindest nicht verhindern zu können glauben, stehen, wie man will:

Diese Art der Krankheitsbehandlung, bei denen Kranke sich durch irgendwelche Statistiken leiten lassen, ist fundamental schlechter als der bisherige Umgang vom Kranken und seinem Arzt, der von Vertrauen getragen wird.

Auch aus psychoimmunologischer Sicht ist ein Vertrauenkönnen ein wichtiges Element eines positiven Heilungsverlaufs. Die Depotenzierung der Ärzteschaft durch die gegenwärtige Gesundheitspolitik ist auch aus dieser Perspektive schädlich. Auch wenn es nur schwer meßbar ist, bleibt die „Droge Arzt" ein nicht zu vernachlässigendes Heilmittel, was man aus Placebostudien und der allgemeinen ärztlichen Lebenserfahrung weiß.

Vom Umgang mit der ärztlichen Elterngeneration

Eine grundsätzliche Verdammung der älteren Chefärzte (sie seien *„hauptsächlich Mediziner …, die international völlig unbekannt sind und sich gegen die heutige Konkurrenz niemals durchgesetzt hätten"* (S. 63)) ist zumindest grob unhöflich, vermutlich aber außer mit einer tiefen Skepsis gegenüber vielem Bewährten und Gewachsenen nicht erklärbar, beziehungsweise sie ist hier nicht begründet.

Keiner Generation tut es gut, wenn sie derart verächtlich über die Vorhergehenden denkt oder gar spricht, und es hilft unserem Berufsstand am allerwenigsten, wenn derartig unsachlich wirkende Vermutungen zum besten gegeben werden.

Man sollte an dieser Stelle einem „Alten" selbst Gehör schenken, wenn er den Generationenkonflikt aus seiner Sicht kommentiert:

„Die … Weisheit, … Fakten und ganz feine Hinweise zu integrieren, um daraus ein ganzheitliches klinisches Bild zu schaffen, stellt sich erst im Alter ein. Das junge Gehirn verlangt nach einer einzigen, gut definierten, rasch verfügbaren Diagnose. Es wird der Standpunkt vertreten, daß alles, was den Patienten plagt, technisch erfaßt werden kann. Wenn ich aber so darüber nachdenke, was die alten Griechen schon alles von Charakter und Persönlichkeit begriffen haben, frage ich mich, ob wir tatsächlich in unserem Verständnis der Menschheit so viel weiter gekommen sind. Ganz sicher haben wir eine Menge an Details hinzugefügt." (Bernard Lown, Internist und Friedensnobelpreisträger, in: Die verlorene Kunst des Heilens, 1996)

Wie so oft wäre auch hier für die Einschätzung der Leistungen unserer Eltern und Großeltern ein Blick in die Geschichte hilfreich: Die Renaissance kannte noch das Bild, daß die Gegenwart der Zwerg auf den Schultern des Riesen „Vergangenheit" sei. Ein schönes, ein kultiviertes Bild. Wir Gegenwärtigen wissen zwar mehr und sehen weiter als unsere Vorfahren, aber nur deshalb, weil wir auf ihren Irrtümern, ihren Erfahrungen und ihrem Wissen aufbauen können.

Man nennt dies auch Respekt, und er gerät einem Jüngeren durchaus zur Zierde. Wer glaubt, über seine Vorgänger verächtlich denken zu können, kannibalisiert auch sein eigenes späteres Nach-Gedenken. Er wird mit seinem Streben Episode und unerinnert bleiben.

Warum sollte die Generation unserer Kinder uns anders behandeln, wenn wir so mit unseren Vorfahren umgingen?

Priorität des Geldes in der ärztlichen Behandlung?

Schwer erträglich ist auch der laut erhobene Vorwurf der materiellen Sucht von Spezialisten am Beispiel eines *„Spitzenchirurgen"*, der lieber sein Geld mit *„private[n] Leistenbrüche[n]"* verdient als, seiner Spezialisierung entsprechend, *„Bauchspeicheldrüsenkrebse"* (S. 64) zu operieren. Man mag zur Tatsache der Zweiklassigkeit ärztlichen Honorars, nämlich daß Ärzte je nach Versichertenstatus verschieden honoriert werden, stehen, wie man will: Solange kein Bauchspeicheldrüsenkrebspatient Schaden dadurch erleidet, daß der *„Spitzenchirurg"* **auch** Leistenbrüche operiert, geht diese Arbeitseinteilung in Ordnung. Wäre dem aber so, daß er die Schwerkranken vernachlässigte, wäre der geschilderte Zusammenhang ehrenrührig, und er erfüllte nicht nur den Tatbestand des Verstoßes gegen Anstandsregeln und Berufsethos, sondern wäre möglicherweise strafrechtlich relevant. Man sollte dann aber auch Roß und Reiter nennen und nachweisen, daß eine solche Unterlassung tatsächlich stattgefunden hätte. Gelänge ein solcher Nachweis nicht, wäre die Einlassung nur allgemeines Klassendenken und im konkreten Anlaß eigentlich nur üble Nachrede.

Die Kritik im hier diskutierten Buch an der Berufungspraxis deutscher Chefärzte und Professoren (S. 65), die unter dem Gesichtspunkt der Gewinnmaximierung ihrer Krankenhausabteilung geschehe, desavouiert eine ganze Tradition ärztlicher Spitzenverantwortung.

Es ist bislang glücklicherweise ziemlich einmalig, daß sich eine Ärztegeneration öffentlich derartig herablassend über kollegiale Entscheidungs- und Auswahlprozesse äußert.

Wenn man die Totalität der Argumentation im hier diskutierten Buch zu Ende denkt, kann man nur vermuten: Sachgerechte Entscheidungen in der Auswahl des ärztlichen Führungspersonal seien erst dann zu erwarten, wenn man diese Auswahl zukünftig allein Gesundheitsökonomen und Epidemiologen überließe. Dies wäre insofern konsequent, weil dann auch deutlich sichtbar die alte „herrschende Klasse" (mit ihrer angeblichen Beziehungsmauschelei und ihrem Proporz- und Gewinndenken) durch die neue Oberklasse der Kontrollierenden und Regulierenden abgelöst wäre. Nicht mehr die bisherigen Auswahlprozesse fänden statt, sondern „Fachmedizinerqualität" im Sinne moderner Gesundheitsökonomie wäre ausschlaggebend. In diesem System wären Begriffe wie „Arztpersönlichkeit" oder die ärztliche Kunst im Sinne Bernard Lowns, die Empathiefähigkeit und persönliche Erfahrung mit einbeziehen, unberücksichtigt. Dies aber wird später noch auszuführen sein.

Medizin-Forschungsstandort Deutschland

Im „*Niedergang der klinischen Forschung*" setzt sich die frontal die heutige klinische Wirklichkeit attackierende Denkweise fort und gebraucht einen hoffentlich scherzhaft verwendeten Ausdruck, um die so Beschriebenen herabzusetzen. Professor Lauterbach spricht vom „*habilitierten Mietmaul*" (S. 67) und qualifiziert damit Professorenkollegen ab, die in von der pharmazeutischen Industrie organisierten Veranstaltungen auftreten. Selbst wenn auch hier im Kern Diskussionsbedarf – wie frei ist heutige Forschung wirklich? – besteht, erscheint mir die Wortwahl als typisch applausheischend. Der Konfliktpunkt, dessentwegen deutsche Ärzte wenig „*international anerkannte Spitzenforschung*" (S. 67) betreiben, ist kaum auszumachen. Da ihre Zeit mit Behandlung eigener Patienten und der Weiterbildung nachgeordneter Ärzte belastet sei, versagten sie international und „*verkommen ... zu Privatärzten*" (S. 67).

Dabei lohnt sich hier der Blick in die Details der Darbietung. Zunächst die Wortwahl: Sie verkämen zu Privatärzten und sie müßten *„die Privatklinik ... schmeißen"* (S. 67). Dabei werden als Zeitbelastungsfaktor angeführt: Sie müßten *„die Weiterbildung durch ... führen [und] die Kontrolle der Assistenzärzte bei der Versorgung der gesetzlichen Patienten ... gewährleisten"* (S. 67).

Positiv ausgedrückt: *„Unsere Spitzenleute"* setzen ihre Zeit ein, um die nachgeordneten Ärzte anzuleiten, sie vorbildhaft zu führen und für sie wie für die Patienten ein offenes Ohr zu haben. Wenn sie tatsächlich damit ihre Arbeitzeit verbringen, erfüllen sie nur eine ihrer Kernaufgaben. Die Vernetzung von hochqualifizierten, wissenschaftlich Arbeitenden einerseits und Lernenden anderseits und die gemeinsame Arbeit am Patienten ist notwendig, um die Forschung praxisnah, relevant, effizient und human zu gestalten.

Daß die Oberarztleiste in dieser Aufzählung gänzlich fehlt, scheint weniger einem neuen Hierarchiemodell denn einer gewissen Praxisferne zu entspringen. Und dann kommt da noch, in einem etwas anderen Gewande, ein weiteres Modul des modernen Medizinsystems hinzu: Es *„fehlen ... [unseren Spitzenleuten'] die Zeit, der finanzielle Anreiz und das Klinikmanagement, um international in der Champions League konkurrieren zu können"* (S. 67). Dieses „Klinikmanagement", das ihnen in Bausch und Bogen fehle, gehört ja zu den Kernkompetenzen (so heißt das heute wohl) genau jener Kreise, die als neue Oberschicht unser Gesundheitssystem – im eigenen Interesse? – übernehmen wollen. Sie wollen dieses Management als eines ihrer Produkte (teuer) verkaufen – möglichst per Gesetz erzwungen. Und daß es plötzlicher „finanzielle[r] Anreiz[e]" bedürfe und daß man diese anscheinend zu geben bereit sei, irritiert den Leser dann doch, weil er die Klinikchefs ja gerade als unberechtigt „geldgierig" vorgestellt bekommen hatte.

56

Schon hier sei erwähnt, daß nach Ansicht der heute politisch Agierenden Gerechtigkeit für „de[n] ... *Verlierer dieses Systems, [den] gesetzlich Versicherte[n] – und die gesamte Gesellschaft durch den Niedergang der klinischen Forschung"* (S. 68) dadurch wiederhergestellt werden könne, daß man das deutsche Gesundheitswesen komplett auf ein rein gesetzliches Versicherungswesen umstellt. Professor Lauterbauch scheint davon überzeugt, daß nur durch die Abschaffung der Privatpatienten eine Verbesserung der medizinischen Forschung erreichbar sei.

Die Facharztversorgung

Das Kapitel „*Der alles entscheidende Zugang zu Spezialisten"* ist geprägt von einer Doppelperspektive: Einerseits könne der im Krankenhaus ansässige Facharzt alles rasch und kompetent lösen, andererseits tummelten sich in der niedergelassenen Medizin nur offensichtlich durchgängig Unfähige. Es fände sich dann auch gleich mit der „*doppelte[n] Facharztschiene [i. e. im Krankenhaus und in der niedergelassenen Facharztpraxis] die größte Quelle von Unwirtschaftlichkeit und Ungerechtigkeit im deutschen Gesundheitssystem"* überhaupt (S. 72) und „*koste ... [letzten Endes] damit sogar Menschenleben"* (S. 73). Der geneigte Leser möge sich bitte einen ihm bekannten niedergelassenen Facharzt (Kardiologe, Hautarzt, Orthopäde, Augenarzt, HNO-Arzt etc.), den er persönlich kennt, vorstellen, wenn er über ihn dann folgendes lesen darf: „*Seit zwanzig Jahren steht die Gesundheitspolitik unter Kostendruck. Warum wurde die doppelte Facharztschiene dennoch nie beseitigt? Der Hauptgrund ist sicher, daß sie den niedergelassenen Fachärzten bei der Verteidigung eines Einkommensmonopols hilft und gleichzeitig den privat Versicherten nicht so sehr schadet. Der für eine echte Reform notwendige Druck kann nicht aufgebaut werden"* (S. 73). Verschwiegen wird, daß der Patient heute wohnortnahe adäquat versorgt wird, weil ebendiese niedergelassene Facharztschiene besteht. Beim neuen Modell Professor Lauterbachs müßten alle Patienten, auch die älteren und finanziell Schwachen, die Mütter mit Kleinkindern etc., weite Wege in die nächste Klinik in Kauf nehmen und die Fahrtkosten selbst tragen.

Hier geht es nicht um das Ringen um den besten Weg, sondern um „Klassendenken". Man spürt hier eine Politik heraus, die die niedergelassene, wohnortnahe und durch ein persönliches Patienten-Arzt-Verhältnis gekennzeichnete bewährte Medizin zerschlagen will. Ihr Ziel ist es, in Krankenhäusern und krankenhausähnlichen Arztzentren eine „qualitätsoptimierte" (zumindest das, was die Statistiker darunter verstehen) seelenlose Medizinindustrie zu installieren. Daß davon auch die Klinikbetreiber und die hinter ihnen stehenden Kapitalgeber profitieren, wird aber nicht erwähnt.

Daß in diesem Feld private Kliniken und börsennotierte Klinikgroßunternehmen sich einen einträglichen Markt und für ihre Kapitalgeber einen hohen Profit erhoffen, ist nicht spekulativ, sondern beginnende Wirklichkeit. Was hier besonders irritiert, ist die Klarheit der Aburteilung einer Kollegengruppe, die in der Vergangenheit schon Kranke erfolgreich behandelt hat, als die moderne Konzernmedizin als Renditeobjekt noch nicht entdeckt und ihre heutigen Lobbyisten noch nicht einmal geboren waren.

Eine sachliche Notwendigkeit oder gar eine schlüssige wissenschaftliche Begründung für diese Art einer zentralistischen Medizin gibt es nicht. Auch die angegebenen Kosten- und Qualitätsargumente können nicht überzeugen.

Das Internetforum www.facharzt.de

Auf vier Seiten (S. 74–77) zitiert Professor Lauterbach Diskussionsbeiträge eines geschlossenen Internetforums, das heißt aus einer Diskussionsplattform, die nur Ärzten zugänglich ist. Dabei wird ein als Satire – was ein Gericht inzwischen auch offiziell festgestellt hat – verfaßter Passus als echter Diskussionsbeitrag zitiert, ferner gibt es seither Auseinandersetzungen um die Inhaltswahrung bei Zitatkürzung.

Wichtiger als die Inhalte und ihre Instrumentalisierung durch Professor Lauterbach wäre eine sozialpsychologische Betrachtung. Eine Politik (und der oben erkennbare versuchte Todesstoß gegen die niedergelassene Facharztmedizin ist meiner Ansicht nach ja nicht wissenschaftlich begründet, sondern rein politisch motiviert), die die diskutierende Gruppe „abschaffen" will – und zwar wegen des Kollektivverdachtes zu teurer und zu schlechter Leistung – muß sich damit abfinden, daß ihr „Morden" nicht widerstandslos hingenommen wird. Ein zeitgemäßes Forum ist die Diskussion im Internet, und mancher Beitrag wird nach langem Arbeitstag und in berechtigter Wut auf eine als feindselig empfundene Politik entstanden sein.

Entgegen der Intention Professor Lauterbachs ist die weitaus größte Zahl der Niedergelassenen mit ihren Patienten und diese mit ihren Ärzten solidarisch – dies könnte einer der Gründe für den Affront Professor Lauterbachs sein. Das Ansehen eines Arztes ist auch in den jüngsten Umfragen immer noch wesentlich höher als das eines Politikers.

Und entgegen seinen Einlassungen gibt es noch genug Ärzte, die keine Zusatzgeschäfte mit ihren Patienten machen (sogenannte IGeL = Individuelle Gesundheitsleistung erbringen und abrechnen), von denen zudem längst nicht jede eine ungerechtfertigte Beutelschneiderei ist. Es gibt auch noch sehr viele Ärzte, die ihre „Privatpatienten" in keiner Weise bevorzugen (dies wird auch nicht durch die ständige Behauptung des Gegenteils anders), weder in den Wartezeiten noch in ihrer Aufmerksamkeit oder ihrer Behandlung.

Was aber die meisten niedergelassenen Ärzte stört und je nach Naturell auf die Barrikaden oder in die Resignation treibt, ist, daß ihr seit Tausenden von Jahren mit hohem Zustimmungsgrad ihrer Patienten praktizierter Beruf durch eine wahrscheinlich kurzlebige, von Linksromantik und Klassenhaß geprägte Politik abgeschafft werden soll. Geopfert einer Mutmaßungspolitik und Experimentierfreude, die diejenigen gut ernährt, die mutmaßen und experimentieren, und ihnen den Machterhalt sichert.

Unabhängig vom vorgeblichen oder tatsächlichen Inhalt der wiedergegebenen Internetdiskussion und der Tatsache, daß die Zahl der Diskutanten objektiv eher verschwindend klein – und nicht repräsentativ – ist, möchte ich auf einen anderen Aspekt ihrer Veröffentlichung durch Professor Lauterbach hinweisen. Das Forum ist rein innerärztlich, und die Teilnehmer verpflichten sich, diese Diskussionen auch in den eigenen Reihen zu halten. Es ist schlicht eine Frage des Vertrauens, daß hier nichts nach außen weitergegeben wird, weil oft ins Unreine formuliert und reagiert wird. Es ist Gestichel und gegenseitiges Aufschaukeln, situativ und spontan. So wie manche Stammtische die Offenheit ihrer Mitglieder nur dadurch ermöglichen, daß sich alle an die vereinbarte Vertraulichkeit auch tatsächlich halten. Dieses Vertrauen hat Professor Lauterbach gebrochen. Hier soll nichts vertuscht werden, aber glaubt der Leser etwa, daß alles, was die Berufsgruppe der Politprofis untereinander in ähnlicher Vertraulichkeit bespricht und abstimmt, nach außen dringen dürfte?

Ärztliche Gewinnsucht und Budgets

Die ständige Wiederholung des Vorwurfs eines „Klassenverhaltens" niedergelassener Ärzte, nämlich die Privat- den Kassenpatienten vorzuziehen beziehungsweise letztere sogar zu „schikanieren" (S. 78), macht ihn nicht wahrer. Da die Patienten noch imstande sind, sich ihren Arzt frei zu wählen, würde der Niedergelassene, der sich wie von Professor Lauterbach behauptet verhielte (*„die oft unverschämte und herablassende Behandlung gesetzlich Versicherter in Deutschland"*, S. 78), rasch ohne Kassenpatienten dastehen. Daß diese die niedergelassenen Ärzte dabei trotz nach seiner Sicht falscher Diagnosen weiterhin aufsuchten, erklärt er mit dem *„Monopol auf Patienten"*, das die niedergelassenen Fachärzte innehätten.

Für die Mutmaßung, daß bei (sofortigem, rechtzeitigem, obligatorischem?) Weiterreichen an *„Krankenhausspezialisten"* keine *„Über-, Unter- und Fehlbehandlung"* (S. 78) eintreten würde, fehlen Belege. Unberücksichtigt bleibt dabei, daß die meisten Klinikchefs die Zulassung zur ambulanten Behandlung von Kassenversicherten haben, wenn diese von niedergelassenen Fachärzten überwiesen werden. Dies geschieht aus meiner Sicht regelhaft und in erforderlichem Maß.

Geradezu ein Paradebeispiel, wie man Folgen eigenen Handelns vertuschen und aus Opfern Tätern machen kann, ist der Umgang des Gesundheitspolitikers Professor Lauterbach mit dem Problem der die Niedergelassenen fesselnden und erstickenden Budgets. Lapidar nennt er als einen Krankenhauseinweisungsgrund: Sie erfolge beispielsweise, wenn die *„Behandlung … durch die Budgets der niedergelassenen Ärzte nicht gedeckt"* (S. 84) sei. Das klingt eher harmlos, wirkt aber in der Sache geradezu zynisch. Budgets sind nämlich ein zentraler Bestandteil der Steuerung ärztlichen Verhaltens durch die Politik:

Jeder einzelne Niedergelassene (natürlich NICHT der Klinikspezialist) hat für seine Diagnostik und Therapie Labor-, Arzneimittel- und Heilmittelbudgets, das heißt, pro Patient eine bestimmte – wegen der Kostenexplosion natürlich beengend

kleine (sonst wäre dieser Steuerungshebel ja unwirksam!) – Summe, die er mit den jeweiligen Budgets verbrauchen darf und an die er strikt gebunden ist.

Also: Wenn für eine Behandlung Budgetgrenzen erreicht sind, muß sich der behandelnde Arzt danach richten. Im Köcher der Politik stecken aber noch weitere ebensolcher Überwachungs- und Steuerungselemente, wenn beispielsweise Ein- und Überweisungen hier ebenfalls eines Tages mitberücksichtigt werden sollten. Hier würde der Niedergelassene dann Honorarabzüge hinnehmen müssen, wenn er seine Grenzen sprengte. Gleiches gilt schon heute für die Medikamentenverordnung, bei der der Arzt dann das an Medikamentenkosten aus eigener Tasche bezahlen muß, was über dem Durchschnitt seiner Kollegen liegt. Er trägt also das finanzielle Risiko für Medikamente oder Heilmittel, die dem Patienten zugute kommen, selbst. Dies wird um so wahrscheinlicher, je mehr Schwerkranke er behandelt oder wenn eine schwere Erkältungswelle ausgebrochen ist.

Dazu kommen Restriktionen bei der „Punktzahl", die ein Arzt sich für seine Patientenkontakte vergüten lassen darf. Diese Beschränkung wird freilich von den Kassenärztlichen Vereinigungen, Zwangskörperschaften aller Kassenärzte, angewandt. Sie wollen damit verhindern, daß das Gesamthonorar, das die Krankenkassen vergüten und das im voraus festgelegt und eng beschränkt ist, ungleich verteilt wird.

Werden die erstgenannten Budgets (für Medikamente, Heilmittel und bedingt auch die Laborleistungen) überschritten, muß der Arzt per Regreß die Kosten dafür selbst bezahlen. Er trägt das volle Risiko einseitig und kann es auch nur sehr bedingt beeinflussen.

Alle Budgets sind strikt getrennt, so daß zuviel Massagen nicht durch weniger (Schmerz-)Medikamente und umgekehrt ausgeglichen werden könnten. Unter diesem Damoklesschwert lebt der Kassenarzt ständig. Er muß im Zweifel zahlen.

Bei den Punkten für die Abrechnung wird nur gekürzt, außerdem wird der Geldwert des Einzelpunktes erst im nachhinein festgestellt und vergütet. Hier zahlt der Arzt zwar nichts, bekommt aber im Zweifel für viele Leistungen kein Honorar. Die Kassenärztlichen Vereinigungen sprechen hier von 30 %, die ersatzlos weggekürzt werden.

Hat nun der einzelne Kassenarzt innerhalb seiner Abrechnung mehr Hausbesuche oder eingehende Erörterungen als der Durchschnitt abgerechnet, prüft dies eine bei den Kassenärztlichen Vereinigungen angesiedelte Kommission, in der Krankenkassen- und Kassenarztvertreter sitzen. Sie kann das Honorar im nachhinein kürzen.

Hier geht es nicht um die leidige Diskussion des für den einzelnen Kassenarzt real kontinuierlich rückläufigen Honorars. Ich will schließlich mit meinem Buch für die politisch beabsichtigte Zerstörung einer menschenwürdigen Medizin sensibilisieren und nicht auf materielle Nöte der Kassenärzte hinweisen, wobei natürlich beide Aspekte zahlreiche Berührungspunkte haben: *„Ist seine Behandlung aufwendig und durch die Budgets der niedergelassenen Ärzte nicht gedeckt, überweist man ihn phasenweise in das Krankenhaus zurück, um die im ambulanten Bereich nicht kostendeckenden Eingriffe dort abzurechnen. Die Drehtürmedizin beginnt, das heißt, anläßlich einer jeden weiteren Verschlechterung seines Leidens wechselt er vom niedergelassenen in den stationären Bereich"* (S. 84). Wenn man seitens der Politik hier schon indirekt anerkennt, daß im ambulanten Bereich nicht kostendeckend vergütet wird, warum versucht man dann nicht, dies zu ändern?

Warum wirft man uns Niedergelassenen vor, was allein die Politik zu verantworten hat? Warum beschwört man nur die Geister, die man selbst rief?

In ihrer kritischen Einstellung gegenüber der niedergelassenen Medizin – die nicht mit Fällen, sondern mit Menschen umgeht und im humanistischen Sinne auch nicht Krankheiten, sondern kranke Menschen (Ludolf von Krehl, 1861–1937) behandelt – stützt die Politik bewußt nicht die bisher freiberufliche und mittelständische Struktur. Sie folgt lieber einem allgemeinen Trend einer vorgeblichen Rationalisierung und Ökonomisierung durch immer größere Einheiten, wie er beispielsweise im Handel schon lange besteht („Tante Emma" weicht den Discountern, Fachwerkstätten ziehen sich aus der Peripherie zurück etc.). So wie beim Einkaufen bald die Microchips der im Einkaufswagen liegenden Ware automatisch die Kasse steuern, wird der Patient mit seiner E-Card zum anonymen Objekt einer durch immer wechselnde Ärzte gekennzeichneten „Reparaturmedizin": vorgebliche Effizienzsteigerung versus Individualität und Humanitas.

Die Politik hat sich also für diesen der heutigen Realität entgegengesetzten Weg entschieden und gibt seit 2003 die ambulante Behandlung durch Krankenhäuser auch für Kassenpatienten zumindest teilweise frei. Da das nach Auffassung von Professor Lauterbach so nicht richtig zu funktionieren scheint, weil offensichtlich auch hier unter vielen Teilproblemen die Honorarfrage wohl ungelöst blieb, müssen die Betroffenen als Buhmänner dafür herhalten: *„Die Härte der Abfuhr, die diesen [schwerkranken Krebs-] Kranken von den Krankenhausfachärzten daraufhin erteilt wurde, hat selbst Kenner der Szene überrascht … Es sei unzumutbar, ließen sie verlauten, von schwerstkranken Kassenpatienten überflutet zu werden, weil es sich für sie nicht lohnen und ihnen die Zeit für Privatpatienten stehlen würde"* (S. 85). Mit Verlaub: Selbst wenn die sonst von Professor Lauterbach gern gegen die Niedergelassenen in Stellung gebrachten Krankenhausärzte so skrupellos wären (sie sind es natürlich nicht!), wären sie nicht so ungeschickt, dies auch noch wie zitiert zu begründen! Da war wohl der Wunsch der Vater des Gedankens.

Abschließend noch ein weiteres Zitat: „*Solange Strategien zur Einkommensmaximierung der Chef- und Fachärzte unsere Reformen derart bestimmen und diese Gruppen faktisch Vetorechte bei der Umsetzung jeder Gesundheitsreform haben, wird unsere Medizin ungerecht, mittelmäßig und teuer bleiben. In unserem Zweiklassen-Gesundheitssystem bezahlt der Bürger einen Mercedes und fährt einen Golf, damit einige wenige Privilegierte im Rolls-Royce chauffiert werden können*" (S. 85).

Die Verteilung der Krankenkassenbeiträge

Befremdlich muß auch anmuten, wenn im Kapitel „*Die mittlere Einkommensgruppe als Melkkuh des Systems*" ausgerechnet die Beitragsbemessungsgrenze für die Krankenkassenbeiträge gerügt wird. Vereinfacht gesagt finanziert sich das gesetzliche Krankenkassensystem dadurch, daß – bis zu jener Beitragsmessungsgrenze – die Versicherten einen starren prozentualen Teil ihres Bruttoeinkommens an die Krankenkassen abführen müssen. Wer wenig verdient, zahlt weniger, wer viel verdient, mehr, und zwar unabhängig von individuellen Gesundheitsrisiken. Die Privatkrankenkassen dagegen ermitteln für einzelne Versichertengruppen (oft identisch mit Berufsgruppen etc.) die durchschnittlichen Krankenkassenausgaben und legen sie, verbunden mit einer Altersrückstellung und unter Berücksichtigung der Gesamtversicherungsdauer, auf die Beitragszahler um. Das heißt, ein Versicherter in einer bestimmten Risikogruppe trägt deren durchschnittliches Risiko mit. Und je jünger er beim Eintritt in die Privatkrankenkasse ist, das heißt, je länger er als relativ Gesunder Beiträge

leistet, desto niedriger sind seine Prämien. Kinder und nichtmit-
verdienende Ehepartner werden bei den gesetzlichen Kassen für
den Beitragszahler kostenfrei mitversichert (deren Risiken trägt
also die Versichertengemeinschaft), während bei Privatversicherten jedes Familienmitglied eigene Beiträge leisten muß und einen
eigenen Vertrag hat. Auf der individuellen Ebene ist es, sieht man
von den im diskutierten Buch so gepriesenen Vorteilen eines sogenannten Privatpatienten einmal ab, für einen Niedriglohnempf-
fänger und besonders mit Kindern günstiger, gesetzlich, für entsprechend Besserverdienende – möglichst ohne Kinder – privat
versichert zu sein.

Der Gesetzgeber hat aber diese Wahlmöglichkeit ohnehin beschränkt, weil Arbeitnehmer sich erst ab einem relativ hohen Einkommen „freistellen" lassen und somit zu einer Privatkrankenkasse wechseln können.

Daß in Deutschland die sozialen Sicherungssysteme vom Arbeits-
lohn und nicht auch von anderen Einkunftsarten abgeschöpft
werden, hatte zu Zeiten der Vollbeschäftigung sicherlich weniger
Bedeutung als heute. Die Politik ist hier offensichtlich zu einem
Kurswechsel entschlossen. Für das derzeit noch gültige System
bleibt aber festzuhalten:

**Ein Mitglied einer gesetzlichen Krankenkasse zahlt bei hohem
Einkommen überdurchschnittlich viel, das heißt, er wird weit
über seine statistisch-durchschnittlichen Kosten hinaus „abgeschöpft".**

Um dieses zu mildern, schuf der Gesetzgeber die Beitragsbemessungsgrenze, jene Einkommenshöhe, ab der die Krankenkassenbeiträge nicht mehr steigen. Aber schon bei Erreichen dieser
Grenze sind die Kassenbeiträge, wie gesagt, „zu hoch", das heißt,
sie sind so konzipiert, daß der Betreffende ein sogenannter Netto-
Einzahler wird: Er zahlt mehr ein, als er durchschnittlich als

Krankenkassenleistung herausbekommt. Vor diesem Hintergrund ist das Gerechtigkeitsdenken fraglich, wenn ausgerechnet diese Limitierung gerügt wird. Freiwillig bei den gesetzlichen Krankenkassen besser verdienende Versicherte zahlen ohnehin ganz konkret deutlich mehr für den nach Professor Lauterbach so viel schlechteren Versicherungsschutz als vergleichbar verdienende Privatversicherte: *„Die Einkommen werden ja lediglich bis zur Beitragsbemessungsgrenze von 3 562,50 Euro … voll belastet, darüber hinausgehende Verdienste sind beitragsfrei"* (S. 86). Man hätte auch sagen können: Die ja überproportional hohen Krankenkassenbeiträge werden begrenzt, weil sonst die Beiträge für die gesetzlichen Krankenkassen in keinerlei Relation zu den niedrigeren Beiträgen für die Privatkrankenkassen stünden.

Die gesetzliche Krankenkasse trägt in ihrem Umlageprinzip (Beitragshöhe nur in Abhängigkeit vom Verdienst) auch das höhere Krankheitsrisiko im Alter mit. Der Privatversicherte aber wird gesetzlich gezwungen, eine zusätzliche Altersrückstellung zu finanzieren. Sie wird mit den Beitragsprämien abgeführt und verhindert einen zu starken Anstieg der Versicherungsprämien im höheren Alter, da im Laufe eines Lebens zwangsläufig die Krankenkassenausgaben – somit potentiell auch die Versicherungsprämien – in der Regel massiv steigen müßten. Dieser versicherungsmathematische Unterschied liest sich im hier diskutierten Buch aber so: Die relativ niedrigeren Prämien für „Besserverdienende" in der Privatkrankenversicherung könne der Versicherte dazu nutzen, *„etwas fürs eigene Alter zurückzulegen"* (S. 89). Daß er aber die Finanzierung seiner Krankenversicherung frei von jeglicher äußeren Alimentation leistet, das heißt, keine staatlichen Zuschüsse bekommt, wird verschwiegen.

Die Feststellung, der Privatversicherte leiste nichts für die Solidargemeinschaft, ist erst dann korrekt, wenn man dazu sagt, daß

er für sein Krankheitsrisiko auch nichts von dieser Solidargemeinschaft bekommt.

Richtigerweise aber stellt sich die Frage, warum es gerecht sein soll, daß die gesetzlich Versicherten die Krankheitskosten von gänzlich prämienfrei mitversicherten Kindern und von mit viel zu niedrigem staatlichem Versicherungsbeitrag ausgestatteten Arbeitslosen und Sozialhilfeempfängern mitbezahlen. Ohne sozialistische Umverteilung großen Stils wäre es hier aber schon heute möglich, die Prämienerstattung dieser Versichertengruppen in voller durchschnittlicher Kostenhöhe durch den Staat zu leisten. Bei den Kindern, weil der Staat sie ja überlebens-notwendig braucht, und bei den anderen, weil der Staat je ohnehin ihren Lebensunterhalt bestreitet, also auch für die Sozialversicherungskosten voll aufkommen müßte.

Für eine Belastungsgerechtigkeit bei der Krankenkassenfinanzierung gäbe es, neben dem Einbezug anderer Einkommensquellen außer der reinen Abschöpfung bei der Erwerbstätigkeit zwei entgegengesetzte Wege. Der eine sähe die Anhebung der Beitragsbemessungsgrenze für die gesetzlich Versicherten und eine zusätzliche Abschöpfung bei den Privatkrankenkassen (oder eine zusätzliche Steuer, allen Steuersenkungsversprechen zum Trotz) zur Mitfinanzierung der „schlechten" Risiken der gesetzlichen Krankenkassen vor.

Er wäre der Weg, der wohl der heutigen Politik sympathisch ist.

Der andere Weg aber sähe eine Öffnung der nach marktwirtschaftlichen Gesichtspunkten arbeitenden Versicherungsbranche für mehr Mitglieder vor. Aller Skepsis der derzeit Regierenden zum Trotz wäre es im Kanzlerschen Sinne („Mehr Freiheit wagen") einen Versuch wert, herauszubekommen, bis zu welcher unteren Prämienhöhe (und damit indirekt zu welchem Lohnkostenanteil) ein Arbeitnehmer eine private Krankenkasse finden könnte. Für Einkommen unter dieser Grenze, die der Markt erst finden müßte, wäre eine gesetzliche Versicherung, finanzierbar beispielsweise über die Treibstoff- oder die Tabaksteuer, als Basiskrankenversicherung einzurichten. Dies wäre dann die gesetzliche Krankenkasse moderner Prägung.

Dieser Weg scheint der gerechtere zu sein. Er wäre weniger direktiv, weniger manipulierbar und deutlich sachgerechter.

Ungefüttert allerdings bliebe der Minotaurus „staatliche Regelungslust". Vielleicht wird dieser Weg gerade deshalb wenig Freunde unter den heute Verantwortlichen finden.

Der Mord an der niedergelassenen ambulanten Medizin

Diese Überlegungen seien dem Betrachten des Kapitels „*Das parasitäre Geschäftsmodell der Privaten Krankenversicherung*" vorangestellt. Allerdings ist schon aus seiner Klassenkampfdiktion heraus erkennbar, daß das oben genannte Gegenmodell sicher erst nach einer „Ära Lauterbach" oder dessen ja möglichem Umdenken Prüf- und Verwirklichungschancen hätte. Es sei einem Hausarzt auch diesmal erlaubt, daß die kontinuierliche Wiederholung des Klischees vom Kassenpatienten, der „*im Falle einer Erkrankung im Wartezimmer ausharren [müsse], bis der Privatpatient … fertig behandelt*" worden sei (S. 90), auch jetzt nicht stimmt.

Es gibt – wohl sogar in der Mehrzahl – Niedergelassene, die davon abweichend – nämlich: sozial – handeln und keine Unterschiede zwischen ihren Patienten machen. In der abgehobenen Welt unserer Eliten mag dies anders sein, aber der Wissenschaftler Professor Lauterbach müßte – und wird – dies besser wissen. Auch seine Feststellung, daß „*ein niedergelassener Arzt in Deutschland circa 10 500 Euro*" verdiene, trifft für viele – und allemal für die allermeisten Hausärzte – nicht zu.

Ein wunderbares Beispiel instrumentalisierter Sympathie ist die Schilderung der armen, aber aufrechten *„Ärzte, die nicht von der Zweiklassenmedizin korrumpiert werden und alle Patienten gleichbehandeln … Die Zweiklassenmedizin bestraft aber ausgerechnet die Ärzte, die das größte soziale Engagement mitbringen und bewußt in schwierigen Städten oder Armenvierteln arbeiten. Ärzte, die in den Stadtteilen praktizieren, in denen es viele Problempatienten und wenig Privatversicherte gibt, sind in jeder Beziehung die Verlierer des Systems. Die Zweiklassenmedizin bestraft ausgerechnet die Mediziner, die mit den höchsten ethischen Standards für sozial schwächere Menschen arbeiten. Der Facharzt am Starnberger See macht mit relativ leichten Fällen ein Vermögen, während der engagierte Arzt in Neukölln manchmal um seine Existenz kämpft. Er … arbeitet länger und verdient nur die Hälfte im Vergleich zu seinen Kollegen"* (S. 91).

Wenn die Gesundheitspolitik die Klein- und Einzelpraxis aus vorgeblichen Gründen einer Qualitätssicherung abschaffen und die Inhaber dieser Praxen in den finanziellen Ruin treiben will, ist das die eine Sache. Wenn aber dann aus berufenem Mund wie hier die zitierten Einsichten stammen, wirkt das zynisch: Die kleinere Hausarztpraxis stirbt schließlich weder an Übermut noch an Erschöpfung ihres Inhabers, sondern weil die Politiker beschlossen haben, daß die „sprechende" und dem Kranken verpflichtete Medizin in heutiger Form keine Zukunft haben darf.

Ob es dabei direkt die offizielle Gesundheitspolitik mit ihrer krankenkassenlastigen Denk- und Handlungsweise oder indirekt die Kassenärztlichen Vereinigungen mit ihren Prüf- und Kürzungskommisionen sind, ist für den bedrohten Arzt völlig irrelevant.

Ob der Scherenarm „krankenkassenfreundliche Politik" oder der Scherenarm „Überwachungsbehörde Kassenärztliche Vereinigung" ihn köpft, ist für ihn absolut nebensächlich.

Also: Wenn die heutige Gesundheitspolitik tatsächlich den sozial engagierten niedergelassenen Arzt haben (und ihn NICHT beseitigen) will, müßte sie sich fundamental ändern. Solange sie aber die Ärzte nur in einem Komplott zur Ausbeutung unseres Gesundheitssystems sieht und ihnen neben Unredlichkeit und Raffgier auch noch Unfähigkeit und fehlende Lernbereitschaft unterstellt, bleibt ein scheinbares Bekenntnis zum oben beschriebenen Arzt unglaubwürdig.

Die hier zitierte Stilisierung hausärztlicher Realität birgt noch einen weiteren Kardinalfehler:

Existenzbedroht ist nicht nur die Kleinpraxis in Problemstadtteilen, sondern flächendeckend die gesamte Kassenmedizin in Einzel- oder kleinen Doppelpraxen. Man hungert sie aus, um sie abschaffen zu können. Wohl nicht versehentlich, sondern offensichtlich vorsätzlich.

Noch zu einem anderen Aspekt: Eigener Berufserfahrung widerspricht überdies die Behauptung, daß die Verwaltungskosten der privaten Versicherungen höher seien als die der gesetzlichen Krankenkassen (S. 91). Es wäre tatsächlich einmal interessant, hierzu unstrittige und, wie es neudeutsch so schön heißt, belastbare Daten zu bekommen.

Da hinein wären auch die Kosten für all den Firlefanz wie Hausarztmodelle und „Disease-Management-Programme" (DMP) zu nehmen.

Noch eine Befürchtung darf geäußert werden: WENN die Kosten je Privatversicherten binnen der anderthalb Jahrzehnte von 1985 bis 2001 tatsächlich um 122,1 % gestiegen sein sollten und diese ja wohl zumindest teilweise in Ärztehonorare gemündet wären, wäre das dichter beim Anstieg der Lebenshaltungskosten (auch für die Arztpraxen) als der etwa halb so große der Krankenkassen, von dem sich ein Kassenarzt immer nur schwer vorstellen kann, wohin diese Gelder (außer in die Bürokratie, denn bei ihm kommen diese Mehreinnahmen der Krankenkassen ja nicht an) denn geflossen sein könnten. So oder so:

Zahlen über Steigerungen von Kosten je Versicherten müßten nämlich in Relation zur Preissteigerung und der Qualitätssteigerung der Medizin (Stichwort: Herzkatheter und Computer-Röntgen) gesehen und interpretiert werden.

So sollte exakt ermittelt und mitgeteilt werden, was damit eigentlich tatsächlich bezahlt wurde. Nur als Zahlen absolut betrachtet besitzen sie keinen echten Informations-, allenfalls einen Entrüstungswert.

Bestechung durch die Pharmaindustrie?

Eine undifferenzierte Verallgemeinerung bei der Behauptung unrechtmäßigen Verhaltens ist für diejenigen ehrenrührig, denen dieses Verhalten zu Unrecht unterstellt wird. So behauptet das hier diskutierte Buch, daß *„die Ärzte"* durch Teilnahme an *„Anwendungsbeobachtungen"* eine Bestechungssumme (*„indirekte Bestechung"*) von 100 bis 300 Euro pro Patient bekämen, zum Lohn dafür, daß sie ihm zu Lasten der Versichertengemeinschaft überteuerte und gar schädliche Neumedikamente verordneten. Und *„die Ärzte"* wären *„unter keinen Umständen [bereit,] auf dieses Instrument [zu] verzichten"* (S. 98 f.). Allein schon die Behauptung, die suggeriert, daß ALLE Ärzte so handelten, ist FALSCH: Ich kenne viele Kolleginnen und Kollegen, die noch niemals an einer solchen auch „Feldstudie" genannten Aktion (und der daran gekoppelten Erstverordnung von ungesicherten Medikamenten) teilgenommen haben.

Das wesentliche Argument GEGEN solche Beobachtungsbögen ist aber nicht deren Wertlosigkeit, sondern der völlige Publikationsvorbehalt durch den Auftraggeber. Hierin nämlich liegt –

neben der Moralität – der wissenschaftliche Grund, sich nicht dafür herzugeben.

Zweifel sind auch erlaubt bei den Summen, die bei solchen Aktionen angeblich flössen. Da es sich ja um ein Massenphänomen handeln soll, müßten diese Gelder so reichlich fließen, daß das nicht mehr zu tarnen wäre. Angenommen, von 300 000 tätigen Ärzten bekäme jede/r für auch nur für einen Patienten dieses Honorar von durchschnittlich 200 €, dann ergäbe sich die phantastische Summe von 60 Millionen Euro pro Jahr. Damit es sich richtig lohnt, müßte jeder Arzt ja schon 10 oder 100 Patienten mit diesem neuen und nicht besonders wirksamen Medikament behandeln (also 600 Millionen oder 6 Milliarden Euro insgesamt). Wie gesagt, für ein einziges Medikament. Wenn also dieser Bestechungsmarkt wie angegeben zusammen „nur" 1,6 Milliarden im Jahr (S. 99) kostet und vielleicht 50 % dieser Einnahmen zur angegebenen „Bestechung" zur Verfügung stünden, dann wären es bei einem einzigen Medikament im Jahr und somit für jeden potentiell beteiligten Arzt im Schnitt 13 Patienten, denen er seine Anwendungsbeobachtungen zugute kommen ließe.

Der entsprechende durchschnittliche „JAHRESverdienst" aus solcher Teilhabe betrüge rechnerisch knapp 2 700 Euro: Wäre das bei den von Professor Lauterbach angegebenen Ärzteeinkommen und dem von ihm unterstellten Geldhunger eine Summe, bei der sich die Straftat der Bestechlichkeit lohnte? Und wäre das neben einem angeblich fünfstelligen MONATSeinkommen eine wirklich wesentliche Einnahmequelle?

Noch ein zweites, was als Staatsbürger anzumerken wäre: WENN unsere Politik eine solche Straftatmöglichkeit erkennt und zudem der gesamte Berufsstand gewissermaßen in mafiöser Mentalität geschlossen diese Straftat dann auch beginge, wäre es dann nicht ihre Aufgabe, dies zu verhindern?

Wer kontrolliert eigentlich die Qualität und Effektivität unserer Politik, wenn sie außerstande sein soll, derart offensichtlich kriminelles Verhalten abzustellen?

Die Rolle der Kassenärztlichen Vereinigungen

Es scheint kassenärztlicher Irrglaube, daß *„Die Kassenärztlichen Vereinigungen"* als von den Ärzten selbst zu bezahlende staatliche Kontrollbehörde der Gesundheitspolitik wichtig wären, und sei es in der Rolle des Erfüllungsgehilfen. Oder Professor Lauterbach versucht geschickt, uns Betroffene zu täuschen. Jedenfalls zieht er derart gegen sie zu Felde, daß man als Kassenarzt schon aus einem Solidaritätsinstinkt heraus – und aus Mitleid – geneigt sein könnte, doch an ihre weitere Existenzberechtigung zu glauben.

Immerhin werden sie einem Spitzen-Quartett gesundheitspolitischer „Lobbygruppen" (zusammen mit der Privaten Krankenversicherung, der Pharma- und der Tabakindustrie) zugeordnet.

Das Faszinierende an dieser Gruppenperspektive ist, daß die Kassenärztlichen Vereinigungen Zwangskörperschaften und somit Behörden sind!

Und es dürfte nicht alltäglich sein, daß hier ein staatlicher Spitzenfunktionär eine Behörde zur Lobbygruppe erklärt.

Dabei wundert sich das hier diskutierte Buch, daß manche Kassenärztliche Vereinigungen ihre Mitglieder etwas weniger schlecht als andere bezahlen können, übersieht aber, daß die Kassenärztlichen Vereinigungen der föderalen Struktur unseres Landes angeglichen sind und die Honorartöpfe in einem Bezirk eben besser gefüllt sind als in einem andern. Das Geld in diesen Töpfen ist Verhandlungsergebnis von Kassenärztlicher Vereinigung und den Krankenkassenverbänden, und da gibt es eben reichere Krankenkassen und ärmere, vielleicht auch ärztlicherseits geschicktere und ungeschicktere Verhandler. Der einzelne Kassenarzt hat keinen Einfluß darauf. Nun folgt ein Passus, der an Parteilichkeit nur noch schwer zu übertreffen ist: *„Die Kassenärztlichen Vereinigungen [schlagen] vor, die Honorare der Ärzte um dreißig Prozent (!) zu erhöhen. Damit diese Forderung durchgesetzt werden kann, streiken die niedergelassenen Ärzte in regelmäßigen Abständen"* (S. 105 f.). Dazu kann auch der nichtorganisierte und KV-kritische Kassenarzt anmerken: Die 30 % sind nicht aus der Luft gegriffen, sondern zeigen exakt den Anteil der Leistungen, die Niedergelassene zwar erbracht haben, die von Quartal zu Quartal aber nicht vergütet werden, weil die Punkte-Budgets bereits erfüllt sind. Die Arbeit wurde also konkret geleistet, wird aber regelhaft nicht bezahlt!

Das ist immerhin pro Kassenarzt knapp ein Monat in jedem Quartal, in dem er zwar seine vollen Unkosten hat, aber keinen Heller für seine Leistung bekommt.

Man stelle sich den Universitätsprofessor, Bundestagsabgeordneten oder das Aufsichtsratsmitglied eines großen Konzerns vor, wenn ihm Gleiches widerführe, daß man ihm das für seine Arbeit nach Tarif zustehende Entgelt um ein Drittel kürzt!

Die Streiks des Jahres 2006 – und auch das weiß zumindest der Politiker Professor Lauterbach – trieb die meisten Niedergelassenen auf die Straße, weil sie nicht so sehr um ihr Geld, sondern vielmehr **gegen die geplante Zerstörung der niedergelassenen Medizin, gegen eine Staatsmedizin mit leichter steuerbaren lohnabhängigen Ärzten und gegen den Verlust der freien Arztwahl** kämpften. Es ist objektiv anerkennenswert, wenn schließlich jeder dritte deutsche Niedergelassene auf eigene Kosten und mit vollem Verdienstausfall für einen Arbeitstag nach Berlin gefahren ist (aus wirklich allen Gegenden unseres Landes!), um die Politik zu warnen und die Bürger zu informieren. Dies dann mit dem

„Blöken von Schafen" gleichzusetzen, wie in jenen Tagen ein wichtiger Fachpolitiker zu scherzen beliebte, zeugt nicht nur von fehlendem Respekt gegenüber der Ärzteschaft, sondern auch gegenüber unserer Verfassung und dem ihr folgenden Streikrecht. Und wenn Professor Lauterbach gar von *„Erpressung"* (S. 108) spricht, zeigt er, daß „Zivilcourage" für viele Deutsche, besonders ihre von ihr negativ betroffenen Führenden, ein Fremdwort geblieben ist.

Das Demonstrationsrecht ist Verfassungsbestandteil, und wenn freiberufliche Ärzte sich nun in großer Zahl – und in der Geschichte unseres Staates erstmalig – zu Demonstrationen veranlaßt sehen, ist zuvor schon viel politischer Scherbenhaufen angerichtet worden.

Nota bene: Gerade der Partei Professor Lauterbachs dürften Demonstrationen und ihre Teilnahme daran aus der eigenen Vergangenheit durchaus vertraut sein. Auch ihr wird der Unterschied zwischen erlaubtem Protest gegen politische Entscheidungen und strafbarer Erpressung von Staatsorganen bekannt sein.

Ausschweifungen der Kassenärzte?

Düpierend für die Mehrzahl der Niedergelassenen ist die nicht zutreffende Behauptung von Einnahmen durch *„die Pharmaindustrie"* (S. 106).

Die allermeisten niedergelassenen Ärzte haben weder indirekt noch direkt irgendwelche Einnahmen durch die Pharmaindustrie. Sie haben – im Gegensatz zu den wohl meisten Politikern – insgesamt eine ausreichend große Industrieferne!

Die IGeL (Individuelle Gesundheitsleistung), die zunehmend mehr Ärzte ihren Patienten anbieten – es gibt aber auch überzeugte und zahlreiche Gegner dieser Entwicklung beispielsweise in der Hausärzteschaft – können nicht wie im diskutierten Buch pauschal als *"medizinisch unsinnige Leistungen"* (S. 106) definiert werden, sondern sind mehr oder minder sinnvolle bis nötige medizinische Dienstleistungen, die die Krankenkassen nicht oder nicht mehr vergüten.

Daß viele Kassenärzte die Not ständig rückläufiger Krankenkassenhonorare zu diesem Schritt treibt, ist Fakt. Ebenso die Tatsache, daß die Politik sie dahin gebracht hat. Es ist unlauter, wenn führende Gesundheitspolitiker diese Entwicklung nun einseitig den Ärzten anlasten.

Schließlich gibt es darunter auch viele medizinisch zumindest sinnvolle Leistungen, die aus dem Leistungskatalog der gesetzlichen Krankenkassen herausgenommen wurden: Knochendichtemessung bei Osteoporosegefährdeten, Ultraschalluntersuchung in der Schwangerenvorsorge, Zuckerbelastungstest zum Ausschluß einer Schwangerschafts-Zuckererkrankung, Augeninnendruckmessung zum Ausschluß eines Glaukoms beim Augenarzt und andere.

Neben der diffamierenden Definition der IGeL verblüfft auch die bruchfreie Addition von Einkommensquellen, die angeblich das Sozialsystem belasten. Man kann es drehen und wenden, wie man will:

IGeL sind KEINE Zusatzbelastung der Krankenkassen, wohl aber des Kranken, der sich allerdings ohnehin außerhalb und innerhalb der Medizin einer stetig steigenden Abschöpfung (Stichwort: Krankenkassengebühr) ausgesetzt sieht.

Nach der Diskussion der angeblichen wirksamen Lobbyarbeit der Kassenärztlichen Vereinigungen folgt wieder einer der dieses Buch durchziehenden apodiktischen Sätze: *"Wir werden [bis zur Durchsetzung unserer Vorstellungen gegen den Widerstand der Ärzteschaft] bis dahin wieder Zeit verlieren, und der hier nicht unberechtigte*

Frust der Ärzte wird am Patienten ausgelebt" (S. 107). Es sind heute die Zeiten, in denen niedergelassene Ärzte durch eine geradezu feindselige Politik wortwörtlich existenzbedroht sind und jeder, der seinen Beruf liebt und keinesfalls nur materiell sieht, erlebt, wie nahezu alle Werte politischerseits zerredet werden. Obwohl der Kranke in diesem Land letztlich der – still leidende und (zu-) zahlende – Hauptleidtragende ist, ist es aller Bewunderung wert, wie viele meiner Kollegen ihre tägliche Arbeit scheinbar unbeschwert erbringen und viel zu oft nichts über ihre Nöte ihren Patienten mitteilen.

Hier wird aber überhaupt kein Frust ausgelebt, obwohl dafür durch die zunehmende Bürokratisierung, wachsende staatliche Regelungen und Kontrollen und damit Beschneidung von Freiheit Anlaß genug bestünde. Allerdings wird dem Arzt zunehmend die Freude an der Arbeit, die eine berufliche Selbstbestimmtheit voraussetzt, ebenso genommen wie dem Patienten das Gefühl, von einem zufriedenen Arzt bestens behandelt zu werden. Resignation hat Konjunktur. Damit droht dem Arzt, seine Fähigkeit zu verlieren, sich als „Droge Arzt" therapiefördernd einzubringen. Gerade der chronisch Kranke ist aber auf die ärztliche Zuversicht angewiesen. Die Zerstörung der Kultur des Umgangs mit dem kranken Menschen ist nur eine Facette unseres heutigen politischen und gesellschaftlichen Werteverfalls!

Was diesen Staat tatsächlich bedroht

Solange diejenigen, die in diesem Land ihre demokratisch legitimierte Machtausübung betreiben, immer weniger spüren, wie ihnen allmählich das Volk abhanden kommt, spielen sie gefährlich mit der wichtigsten Substanz einer Demokratie, mit dem Übereinstimmungsgrad zwischen Regierten und Regierenden.

Das hier diskutierte Buch beschreibt weniger die Resistenz einer ganzen Bevölkerungsschicht – die der „oberen" Schicht – gegen Regierungs- und Gestaltungsambitionen, sondern die drohende, sicherlich schon längst begonnen habende Abkehr von zunehmend immer größeren Teilen der Bevölkerung vom Staat und seinen Repräsentanten. Diese Erosion des Vertrauens ist wesentlich gefährlicher als das Terrorismusszenario, das die nationale und internationale Innen- und Außenpolitik bestimmt.

Dies nicht zu erkennen, gefährdet die demokratische Zukunft unseres Gemeinwesens viel mehr als eine Regelungs- oder Finanzierungslücke. Der Egoismus einzelner Bevölkerungsteile ist das eine, die Ignoranz ihrer Eliten das andere. Die meisten derer, die die heutigen Politiker kritisieren und sie warnen, stehen innerhalb unseres Systems. Sie wollen unseren Staat erhalten und den Politikern den schleichenden Vertrauensverlust bewußt machen.

Offensichtlichen Mangel an – auch für politische Fortune wichtiger – Sensibilität, daß die Übereinstimmung der Bürger mit ihren Politikern allmählich verlorengeht, zu erkennen und zu rügen, ist aber das Recht jedes kritischen Bürgers und Lesers.

Das Vertrauen der Ärzte in die Fähigkeit unserer Politiker, das Sozialwesen unseres Staates zukunftsfähig zu machen und lebenswert zu halten, tendiert allmählich gegen Null. Wie sonst ließe sich erklären, daß ausgerechnet Ärzte, für die der muttersprachliche Umgang mit ihren Patienten eine zentrale Voraussetzung ist, ins Ausland emigrieren? Das geschieht viel weniger aus Protest als aus tiefer Resignation.

Erst wer alle Hoffnung verloren hat, gibt den Kampf auf und geht!

Kassenärztliche Vertraglichkeit

Professor Lauterbach kritisiert die Krankenkassen, in den Verhandlungen mit den Kassenärztlichen Vereinigungen zu weich und zu wenig erfolgreich zu sein (S. 107 f.). Dies widerspricht basisärztlicher Einschätzung der Machtverhältnisse und den objektiven Verhältnissen. Aber selbst dann, wenn es zuträfe, wenn also die Ärzteschaft bei ihren „Geldgebern" Krankenkassen punkteten, wäre dies in einem vorgeblich auf Autonomie angelegten Partnerschaftsverhältnis legitim. Ein Staat, der für die Arbeitnehmer die Tarifautonomie ja gesetzlich garantiert, dürfte sich nicht darüber wundern. Und Verhandlungsergebnisse solcher Vertragspartner sollten kein Anlaß für Politiker sein, sich zugunsten „ihrer" Krankenkassen einzuschalten, selbst wenn sie *„Anlaß zu größter Sorge"* (S. 108) sähen.

Für die Suche nach dem Stellenwert der Kassenärztlichen Vereinigungen hilft wie so oft ein Blick in ihre Geschichte. Sie verdanken ihre Entstehung der Einsicht niedergelassener Ärzte, daß ein einzelner – also jeder einzelne auf sich gestellt – kaum Chancen hat, bei den en bloc agierenden Krankenkassen seine – parteilichen – Interessen geltend zu machen. Kassenärztliche Vereinigungen sind Zusammenschlüsse von gemeinsam Betroffenen, so wie dies die Arbeitnehmer mit den Gewerkschaftsgründungen erreicht haben. Auch der Unpolitischste muß angesichts der Vehemenz des Vortrags von Professor Lauterbach aufhorchen. *„Der größte Schaden, den sie anrichten, ist die systematische Erschwerung des Wettbewerbs unter Medizinern. Die Kassenärztlichen Vereinigungen verhindern, daß Patienten oder Krankenkassen jemals etwas über die Qualität einzelner Ärzte erfahren. Das ist ein Nachteil für alle Patienten und für die Ärzte, die ihre Qualität nicht verstecken müssen"* (S. 109).

Wenn wir einmal davon absehen, daß in den nächsten Jahren nach weit überwiegender Einschätzung ein Ärztemangel zu erwarten ist, muß man diese Analyse als typischen Bedarfsweckungs-Bedarfsbefriedigungs-Mechanismus erkennen.

Der Wettbewerb unter den Ärzten kommt in diesem Fall von außen, und zwar von einer bürokratischen Überwachungs- und Beeinflussungspolitik. Ihm liegt kein objektiver Mangel als Anlaß und auch kein Bedürfnis seitens der Betroffenen (weder der Ärzte noch der Patienten) zugrunde.

So wie die Kostendiskussion im Gesundheitswesen seit vielen Jahren von interessierter Seite immer wieder an der Arztqualität, ohne dafür je einen wirklich stichhaltigen Beweis geliefert zu haben, festgemacht wird, soll jetzt die Vereinigung aller Niedergelassenen als solche der Übeltäter sein.

Arztqualität

Was ist „Qualität eines Arztes"? Zunächst das, was man messen **will.** Sind es die Dauer der Aus- und Weiterbildung, das Fachwissen, die Streßstabilität, die Vernetzungs- und Kommunikationsfähigkeit, das Charismatische, die Zuhörgeduld, die Überzeugungsfähigkeit, die Mitmenschlichkeit, die Beobachtungsfähigkeit und so weiter, oder ist es die Anpassungsfähigkeit an immer neue Kosten- und sonstige Erwartung von außen, an das (Krankenkassen- und Geldanleger-)Kapital oder an die (Staats- oder Verbände-)Macht?

Wer haftet eigentlich für Fehler bei den „Qualitätsmessern"? Wenn sie die Patienten zum „Falschen" leiten oder einen Arzt fälschlich abqualifizieren und ruinieren? Wer überbrückt die Chancenungleichheit, wenn auf der einen Seite jemand auf der Spielwiese statistischer Unverbindlichkeit ohne persönliches Risiko Zensor spielt und auf der anderen Seite Menschen (Patient wie Arzt) geschädigt werden?

Dabei lautet die Kernfrage auf die auch von Professor Lauterbach angesprochene Resistenz der Medizin gegen die Benotung von außen: Warum eigentlich sollte ein Arzt seine „Qualität" verstekken wollen? Vielleicht, weil er weiß, daß in unserer Kultur Werbung nicht zum Arztberuf gehört? Oder, weil er weiß, daß es eben sehr verschiedene „Qualitäten" eines Menschen gibt und er diese Vielfalt akzeptiert und therapeutisch würdigt? Weil er weiß, daß man „Arztqualität" weder verallgemeinern noch sie in einem „Ranking" benoten kann, wenn man die Vielschichtigkeit des Menschen berücksichtigt? Was also ist diese – eben sicher nicht meßbare – „Arztqualität"?

Um es mit dem Nobelpreisträger Bernard Lown (Die verlorene Kunst des Heilens, 1996) auszudrücken: „Sie ist die Fähigkeit, ein klinisches Problem in seiner Verwurzelung nicht in einem Organ, sondern im ganzen Menschen zu verstehen. Intuition und Erfahrung sind notwendig, um das Unterschwellige zu erfassen und es rasch und vollständig zu integrieren." Wie will man das messen, daraus einen Score bilden?

Bislang ist es so, daß der Patient vor dem ersten Arztkontakt sich mehr oder weniger seine Entscheidungshilfen sucht. Das sind aber bislang nicht irgendwelche Scores, Operationsstatistiken, Weiterbildungszertifikate oder sonstige eigentlich durchweg kommerziell gewonnenen Aussagen.

Diese Aussagen werden gewonnen von Menschen und Institutionen, die damit ihr Geld verdienen. Dieses muß letztlich irgendwo bei den Gesund- beziehungsweise Krankheitskosten mit „erwirtschaftet" werden. Sie sind die Laus im Pelz der Medizin – und quälen ihr Opfer, indem sie seine Fähigkeiten und Eignungen für andere festlegen und so den Zugang zu ihm steuern. Für das eigentliche Problem, Krankheiten zu verhindern oder zu behandeln, leisten sie selbst aber gar nichts! Sie verkaufen kein objektives Produkt, sondern eine Chimäre. Sie schaffen Konstrukte und geben sich sozial verdienstvoll, während sie eher irreführen und abwerten, ohne dies dann gegenüber den Betroffenen verantworten zu müssen. Sie verdienen Geld damit und geben sich altruistisch.

Zumindest in unserer Gesellschaft haben diese „Qualitätsmesser" noch nicht die Bedeutung, die sie für sich beanspruchen. Nein, noch finden die meisten Menschen, die zum Arzt gehen, ihre Entscheidungshilfe in zwischenmenschlicher Interaktion, wie man den Austausch von Erfahrungen und Beobachtungen heutzutage nennt. Ob es Bekannte oder Verwandte sind, die selbst auch Patienten sind oder durch ihre Berufe besondere Einblicke haben, oder ob es der Hausarzt ist, den der Patient um Rat fragt, wenn er zu einem anderen Arzt gehen muß.

So geschieht es schon seit Jahrhunderten, und die heutige Politik und die ihr hierin willfährige Wissenschaft sind den objektiven Beweis schuldig geblieben, daß ihre Wege nicht falsch oder, noch viel schlimmer in heutiger Zeit, nicht selbst kostentreibend sind. Die Erfüllung von Zertifikatsbedingungen kostet Aufmerksamkeit, Geld und Kraft, die dann der eigentlichen ärztlichen Arbeit fehlen.

In dieser Vorstellung des von außen in die Berufsgruppe hineingetragenen Wettbewerbs als unabdingbarer Grundvoraussetzung für schadensarme und preiswerte Medizin schwingt unterschwellig das Bild eines Forschers mit, der sich irgendwelche Wettbewerbe ausdenkt und dann seine Versuchstiere aufeinander losläßt.

In der „Kassenmedizin" gibt es schon lange das Bild des Hamsterrades, in dem wir Niedergelassenen uns durch immer neue Auflagen und Erschwernisse immer schneller bewegen müssen, ohne natürlich tatsächlich von der Stelle zu kommen.

Professor Lauterbachs „Wettbewerb unter Medizinern" scheint, um im Bild zu bleiben, offensichtlich ein ganzes Versuchslabor, um herauszubekommen, was die Ärzte so alles mit sich machen lassen. Die Standards setzen andere von außen und beobachten dann, wie im Inneren Verdrängungsmechanismen oder gar Kannibalismus einsetzen, um sich dann über die Ergebnisse solcher Experimente auszulassen und immer neue zu versuchen.

Daß dabei die von außen Eingreifenden und Steuernden unter sich uneins sind, scheint niemanden zu stören. Vielmehr scheint sich dadurch der Experimentaleifer eher noch zu steigern!

Wenn also die Kassenärztlichen Vereinigungen weiterhin den niedergelassenen Arzt vor beliebiger Manipulierbarkeit von außen – und vor Lohndiktat – schützen („*systematische Erschwernis des Wettbewerbs unter Medizinern*" – als ob wir Ärzte nicht schon genug echte Probleme hätten!), dann braucht der Niedergelassene ganz offensichtlich diese Kassenärztlichen Vereinigungen, selbst wenn er sie oft genug selbst als gängelnd und die Honorargerechtigkeit mindernd erlebt.

Falls aber Professor Lauterbach die Kassenärztlichen Vereinigungen in Wirklichkeit weiterhin als bequeme und der Politik genehme Werkzeuge gebrauchen sollte, hätte er sein gegenteiliges Plädoyer sehr raffiniert abgegeben, sei es aus Taktik, sei es aus Ironie.

Es sei angemerkt, daß die niedergelassene Ärzteschaft schon seit Jahren begonnen hat, Ärztegenossenschaften mit freiwilliger Mitgliedschaft und sehr hohem Zustimmungsgrad zu gründen, die dann die gemeinsame Vertretungsfunktion übernehmen können und müssen, falls dem Staat die so oft angedrohte Zerschlagung der Kassenärztlichen Vereinigungen tatsächlich gelingen sollte.

Hauptamtlichkeit kassenärztlicher Interessenvertretung

Widerspruch ruft das hier diskutierte Buch auch mit seiner Darstellung der Professionalisierung der KV-Vorstände hervor: *„Heute hat sich diese Bürokratie verselbständigt und führt ein Eigenleben. Die Vorsitzenden sind seit 2004 Hauptamtliche"* (S. 108). Diese Hauptamtlichkeit hat die Politik erzwungen, und diese hauptamtlichen Ärztevertreter haften mit ihrem persönlichen Vermögen für Rechtsfehler ihrer Kassenärztlichen Vereinigungen!

Man zeige uns Universitätsprofessoren, Spitzenpolitiker, Aufsichtsratsmitglieder oder Politikgutachter, die ebenfalls für ihre Arbeit und Fehler derart haften müßten. Führungsverantwortung in Politik und Verbänden in unserem Land zeichnet sich ja gerade dadurch aus, daß sie für den „Verantwortlichen" reichlich folgenlos bleibt, falls er scheitert. „Verantwortet" werden meist nur die Erfolge!

Arztverantwortung

Wenn Kolleginnen und Kollegen sich eine solche Gängelleine gefallen lassen – und diese KV-Vorstands-Tätigkeiten übernehmen –, sind sie objektiv mutig. Vielleicht sind sie es aber als Ärztinnen und Ärzte einfach nur gewohnt, persönlich Verantwortung zu tragen. Im Falle des Niedergelassenen beispielsweise können die Budgetfallen (Regreßnahmen wegen zu hoher Medikamentenverordnungen beispielsweise) ihn ebenfalls finanziell ruinieren – er haftet mit seinem und damit seiner Kinder Vermögen. Doch wie sagte schon der Arztschriftsteller Axel Munthe 1929:

„Wenn ich Verantwortung scheute, wäre ich nicht Arzt."

In damaliger Zeit ging es nur um die genuine Arbeit für den Patienten, die der Arzt verantworten mußte. Erfolg oder Mißerfolg einer Behandlung war das aus heutiger Sicht schlichte und klare Maß. Was Axel Munthe damals noch nicht wissen konnte, daß dies drei Generationen später in Deutschland hauptsächlich wegen einer erdrückenden Bürokratie so gesagt werden würde. Für sie bedarf es einer erheblichen Verantwortungsbereitschaft, und sie frißt einen erheblichen Teil beruflicher und emotionaler Kraft.

Die Zeiten ändern sich eben.

Vom Fehlermanagement in der Medizin

Über *„Geheimdaten im Krankenhaus"*: Auch hier werden wieder die niedergelassenen Fachärzte gerügt, daß sie *„für Kassenpatienten … keine bessere medizinische Versorgung [brächten], sondern … einfach nur teuer und ineffizient"* seien (S. 110). Auch die Behauptung, daß Wettbewerb behindert würde, findet sich: Die Nichtveröffentlichung von Qualitätssicherungsdaten (sie würden bislang leider nur intern ausgewertet und umgesetzt) bewirke *„keinerlei Wettbewerb der Krankenhäuser um bessere Qualität"* (S. 111).

Hier sei schon einmal vorweggegriffen, daß die neue „Oberklasse" genau diese Denkart benutzt:

Da erstellen und sammeln mehr oder weniger selbsternannte Qualitätsmesser und -bewerter haufenweise Daten, werten sie aus und instrumentalisieren sie dann. Auf wackeligem statistischem Boden gewonnen sollen sie für alle verbindlich sein und die „Patientenströme" regeln.

Die von ihnen untersuchten und bewerteten Menschen und Institutionen werden, wenn sie gut im Sinne ihrer Kontrollierenden funktionieren, mit einer jederzeit widerrufbaren Qualitätsfeststellung bedacht.

Sie werden ihren eigenen Wertungen und Handlungskorrekturen entfremdet, schließlich sei ja der rein interne Umgang mit

Meßdaten „schuld" daran, daß *„keinerlei Wettbewerb ... um bessere Qualität"* stattfände. Selbst das von der rezenten Politik wiederentdeckte „Selbstwertgefühl" wird ihnen qua Außenwertung erschwert, ja faktisch verweigert. Was übrigens die angesprochene Art der Qualitätssicherung nie mißt, ist der Verlust an Motivation und Selbstvertrauen des Arztes, der eigentlich die Übernahme von Verantwortung für andere Menschen gewissermaßen als Spezifikum in sich trägt.

Es kann also aus Sicht heutiger Gesundheitspolitiker nicht sein, daß Qualitätssicherung jenseits der sich dazu berufenen fühlenden externen Kontrollprofis stattfinden kann und darf. Deren Nichteinschaltung beweise die Vergeblichkeit der Bemühung oder, noch schlimmer, unterstellt, daß diese Bemühung nur vorgeblich sei. Man hält diese Kontrolleursschicht unbewiesen für zwingend notwendig.

Der Umgang mit solchen als Qualitätssicherung erhobenen Daten erfolgt durchaus leichtfertig. Die Daten könnten eindeutig belegen, welche Klinik „bessere" *„Hüftgelenksoperationen oder Nierentransplantationen im Vergleich zum Nachbarkrankenhaus"* (S. 111) durchführe und welche nicht. Doch welche Daten sollen eigentlich die Qualität messen? Operationszahlen, Verweildauern, Langzeitergebnisse, Patienten- und Hausarztzufriedenheit, Kosten????? Da die Auswahl der Prüfkriterien und ihre Bewertung ja wieder in den bewährten Händen jener Kontrollierenden liegen, brauchten wir Gemessenen und Zertifizierten uns nur möglichst blind auf sie zu verlassen.

Was hingegen zwingend gewährleistet sein müßte, wäre Transparenz des Meßvorgangs auf allen Ebenen und das fühlbare Bestreben, mit den Meßergebnissen der Sache zu dienen und die Akteure zu stützen. Statt einer solchen prozessualen Verbesse-

rung spürt man aber viel eher die Abqualifikation und Selektion.

Das Gesagte gilt im vollem Umfang auch für die logische Umsetzung des Prüf- und Meßinstrumentariums: „*Um also keinen guten Chirurgen zu Unrecht schlechter Qualität zu bezichtigen, nimmt man in Kauf, daß ein paar hundert Patienten pro Jahr unnötig sterben, die von den zu Recht schlecht bewerteten Ärzten behandelt werden*" (S. 112 f.). Abgesehen davon, daß es mit dem Messen an sich so seine Probleme hat, und von der unbelegten Behauptung hundertfacher Todesopfer, muß hier im Gegenschluß konstatiert werden:

Es ist den Kontrollierenden also egal, wenn sie einen „guten Chirurgen" fälschlich anders beurteilen und ihn damit vermutlich „fertigmachen". Hauptsache, sie finden andere, denen sie dann subjektiv berechtigt beim „Ausgetauscht-Werden" helfen!

Wettbewerb und Selektion

Wenn „*Krankenkassen im Wettbewerb um Gesunde*" buhlen, kommt es offensichtlich bei der „*Versorgung besonders kranker Menschen*" (S. 113) zu einem eigenartigen Phänomen, nämlich dann, wenn sich eine Krankenkasse „*bei der Beratung und Behandlung von Krebspatienten auszeichnete*" (S. 113): Es gäbe Qualitätsunterschiede in so großem Maße, daß sich eine solche Edelkrankenkasse um ihre Existenz sorgen müßte, wenn sie ihrer besonderen Qualitäten wegen überdurchschnittlich viele Versicherte mit „ungünstigen Risiken" an sich zöge. Das klingt zunächst logisch, trifft aber für das reale System so nicht zu.

Warum? Diagnostiziert, behandelt, klärt die Krankenkasse etwa selbst die Patienten auf – oder gibt es dafür nicht doch noch die Ärzte, die das tun müssen? Und wie sollten die diskutierten Krankenkassenunterschiede bei einer Einheitsvergütung der Kassenärzte wirken? Die behandelnden Ärzte tragen ja ihrerseits die Fesseln ihrer Budgets und können eine stark asymmetrische „Risikostreuung" ebenfalls nicht verkraften, würden gleichfalls *„innerhalb weniger Monate in die Pleite"* (S. 113) gehen.

Aus kassenärztlicher Sicht gibt es für die chronisch und schwerkranken Menschen tatsächlich Krankenkassenunterschiede. Zum einen wird von Kasse zu Kasse unterschiedlich nicht selten mit der bewußt täuschenden Auskunft durch Krankenkassenmitarbeiter jongliert: „Wenn Ihr Arzt das und das für nötig hält, kann und muß er dies auch verordnen". Dabei hat die Steuerungspolitik den Kassenarzt fest im Griff:

Teure Medikamente sind bis auf wenige Ausnahmen (morphiumhaltige Schmerzmittel und Insulin beispielsweise) voll Medikamentenbudget-belastend. Das heißt, der Arzt und nicht die Krankenkasse zahlen die Medikamente im Falle eines erfolgreichen Regresses, wenn der Arzt sich zu sehr von der Verordnungsweise seiner Kollegen unterscheidet.

Diese Regresse werden übrigens angestrengt von einem Prüfgremium, in dem Kassenarztkollegen und Krankenkassenvertreter sitzen.

Sonderfall Heilmittelverordnung

Heilmittel sind beispielsweise Massagen, Krankengymnastik, Logo- und Ergotherapie. Sie sind in einem separaten Budget limitiert. Überschreiten der „Regelverordnung" ist grundsätzlich genehmigungspflichtig. Aber auch die aufrechterhaltene Genehmigungspflicht der Primärkrankenkassen (AOK, Betriebskrankenkasse, Bundesknappschaft etc. müssen zusätzlich diese Verordnungen auf Antrag prüfen und gegebenenfalls, real aber sehr regelhaft, auch genehmigen) und der großzügige Verzicht auf solche Prüfungen durch die Ersatzkassen hilft dem Kassenarzt nichts:

Alle, auch zuvor genehmigte Heilmittelrezepte, gehen voll in sein Heilmittelbudget. Er haftet für seine von ihm verursachten Kosten also selbst dann, wenn die Krankenkasse zuvor die medizinische Notwendigkeit der jeweiligen Verordnungen geprüft und bestätigt hat.

Gibt sich also die Krankenkasse hierin besonders großzügig und verhält sich der Kassenarzt verschreibungsfreudiger als seine Kollegen, schnappt auch hier die Regreßfalle zu: Die Kostenforderung erreicht dann schnell Höhen, die für den Arzt sehr sicher existenzvernichtend sind.

Soviel also zum Thema einer Krankenkasse, die sich „in der Beratung und Behandlung von Krebspatienten" positiv hervortäte!

In der Diskussion um den geplanten Morbiditätsrisikostrukturausgleich (ein riesiger Geldverschiebebahnhof, der als solcher schon einen guten Anlaß für die völlige Abschaffung der bürokratielastigen Kassenmedizin darstellte!) erlaubt der Spitzenpolitiker Professor Lauterbach bemerkenswerte Einblicke in sein Metier. Politische Gegner seiner Pläne, 200 Krankheiten in den erlesenen Kreis der stützungsfähigen Krankheiten zu erheben, werden als tumbe Nachplauderer beschrieben: *„Die[se] Politiker … wußten die grundsätzliche Mechanik des Risikostrukturausgleichs bis zum Schluß nicht zu erklären. Sie konnten immer nur wiederholen, daß es nicht mehr als achtzig Krankheiten sein durften, denn das war ihnen von den Lobbyisten so eingeimpft worden"* (S. 115). Der Abgeordnete ist ja bekanntlich nur seinem Gewissen und der Verfassung verpflichtet. Diese Darstellung eines prominenten Politikers überrascht dann doch. Es muß den überzeugten Demokraten irritieren, wenn unsere teure politische Elite tatsächlich derartig schlicht funktionierte.

Die Abschaffung der Privatpatienten

„Reformvorschläge für Qualität und Wirtschaftlichkeit" beginnen mit der wiederholten Wiederholung der Tirade vom parteilichen Arzt, diesmal nicht als Vorwurf der zumindest sozialen Bestechlichkeit „der Ärzte", sondern letztlich mit dem originellen Vorstoß, zur Vermeidung dieser behaupteten Ungleichbehandlung den Status „Privatpatient" gleich ganz abzuschaffen. *„So müssen die Privilegien der Privatpatienten abgebaut werden, will man die vernachlässigende, mitunter gar verachtende Behandlung vieler gesetzlich Versicherten verhindern"* (S. 115).

Dieser Vorschlag scheint ungefähr so substanzhaft, als würde man die finanzielle Alimentierung unserer Politiker ganz einstellen, um die möglicherweise rein materielle Motivation manches Volksvertreters unmöglich zu machen. Allerdings hört man diesbezüglich kaum etwas!

Eine verführerische Begriffswahl macht den Skeptiker der Beglückungen durch die Gesundheitspolitik mit ihrem Reformstau und Missionseifer auf die *„einheitliche Gebührenordnung für alle Patienten"* neugierig: Da steht tatsächlich das Verb „honorieren". Kommt von dem lateinischen „honor", was „Ehre" heißt. Wenn damit endlich qua Gleichschaltung auch für die Leistungen bei Kassenpatienten eine die Ausbildung und Verantwortung würdigende Bezahlung erreicht würde, gäbe es kaum Gegner auf Arztseite! Bisher bekommt ein Kassenarzt für einen nächtlichen Notfallhausbesuch nämlich wesentlich weniger als ein Schlüsseldienst, und sein Stundenlohn liegt noch unter dem Niveau eines Facharbeiters. Falls das hier diskutierte Buch aber die Vergütung für alle auf dem bisherigen Kassenniveau meint – und das ist vermutlich seine Absicht –, würden wahrscheinlich alle Niedergelassenen wirtschaftlich in Konkurs gehen, weil ihnen – wie schon ausgeführt – die im hier diskutierten Buch bestrittene Quer- oder Mitfinanzierung der Arztarbeit durch die heutigen Privatpatienten fehlte.

Auch die Steuerungsmechanismen für die angeblich erst dann ausreichende Patientenbetreuung durch Universitätskliniken sind – da ja ohnehin die Vergütung gleichgeschaltet werden soll, wirkt diese Vorgabe reichlich anachronistisch! – ein Bilderbuchbeispiel staatlicher Regelungsambition: Der Anteil der dort behandelten Kassenpatienten müsse ihrem Anteil an der Gesamtbevölkerung entsprechen. *„Sonst wird der Haushalt der Klinik gekürzt"* (S. 116). Schön, daß der Staat Patientenquoten festlegt, schön auch, daß hier die Mär vom Leistungsbezug in der Geldsteuerung fallengelassen wird.

Ungehorsam wird bestraft – analog einer Taschengeldkürzung bei widerspenstigen Kindern, einem in der Pädagogik freilich schon längst verlassenen Steuerungsansatz!

Kannten wir bisher schon die in der Höhe limitierten Punkte-, Medikamenten- und Heilbudgets, haben wir hiermit auch das Steuerungselement einer Mindestpatientenquote kennenlernen dürfen. Schöne neue Welt!

Die „freie" Arztwahl

Die *„Beteiligung der Privaten Krankenversicherung am Risikostrukturausgleich der Krankenkassen"* dient unverblümt dem Todesstoß der Privatversicherungen. Man muß sich dazu des Umwegs dieser Zwangsbeteiligung an den Kosten der gesetzlichen Krankenkassen bedienen. Professor Lauterbach glaubt aber zu wissen, daß eine *„Abschaffung der Privaten Krankenversicherung … aus rechtlichen Gründen sehr schwierig [ist], obwohl dies ordnungspolitisch klar der zu bevorzugende Weg … wäre"* (S. 117).

92

„Freie Arztwahl für alle Versicherten" ist als Etikett der modernen Gesundheitspolitik ein Hohn. Eines ihrer Ziele ist ja gerade mit der Ausgrenzung mißliebiger Ärzte die massive Einschränkung der Wahlmöglichkeit des Kassenpatienten bei den niedergelassenen Ärzten. Auch die vom Gesetzgeber erzwungenen anderen Vertragsmodelle engen die Arztwahl der Patienten absichtlich ein.

Hausarztmodelle, fakultative Durchführung der Chronikerprogramme, aber auch Installation sogenannter Medizinischer Versorgungszentren durch Krankenkassen und Krankenhäuser beziehungsweise hinter ihnen stehende Kapitalgesellschaften sind das Ausrottungspotential dieser altbewährten Versorgungsschiene „Niedergelassene Medizin", deren wichtiges Kriterium tatsächlich die „freie Arztwahl" ja ist.

Sie wird aber auch dadurch finanziell und von der (vermeintlichen) Kompetenz der Kliniken ausgehöhlt, wenn diese noch stärker als heute für die ambulante Versorgung geöffnet werden. Für diesen letzten Aspekt plädiert das hier diskutierte Buch ja massiv, seine hier postulierte Liberalisierung der Arztwahlmöglichkeit erscheint als Etikettenschwindel.

Prävention

Bei der *„direkte[n] Abrechnung der Arztleistungen"* verspricht Professor Lauterbach eine *„unkompliziert[e]"* Gebührenordnung, mehr Gerechtigkeit, aber auch Leistungseinschränkung (das ist in der Diktion des diskutierten Buches die Vermeidung einer *„Überversorgung"*) (S. 117). Mehr Prävention durch eine *„verbesserte … Vorsorge"* würde *„insbesondere die großen Unterschiede in der Lebenserwartung von armen und reichen Menschen in Deutschland verringern"* (S. 118) – eine unbewiesene und bislang unbeweisbare Behauptung, weil bei den von Professor Lauterbach angeführten internationalen Vergleichen viel mehr Parameter eingehen als nur Quantität und Qualität ärztlicher Präventionsmaßnahmen.

Transparenz und Wettbewerb

„Mehr Transparenz und Wettbewerb unter den Krankenhäusern" werde meßbar daran, daß Krankenhäuser ihre Kassenzulassungen verlieren, wenn sie nicht zu *„den besonders guten Häusern"* gehören (S. 118 f.). Es ist immer das gleiche mit dieser Qualitätsfeststellung und ihrem Wettbewerbswert:

Krankenhäuser werden gegen Krankenhäuser, Ärzte gegen ihre Fachkollegen, Fachdisziplinen gegeneinander, Niedergelassene gegen Kliniken und so weiter in Stellung gebracht, ja regelrecht gegeneinander aufgehetzt.

Und oft genug soll der materielle Ruin als Höchststrafe drohen beziehungsweise tatsächlich eintreten. Das Spiel betrieben wird von politiknahen Wissenschaftlern, die persönlich ohne jegliches wirtschaftliche Risiko agieren und ihre Standards selbst setzen. Ob es tatsächlich solcher „Manipulationen" des „Divide et impera" bedarf oder ob die Qualitäts- und Wirtschaftlichkeitsbehauptung überhaupt etwas mit einem solchen „Wettbewerb" zu tun hat, scheint niemanden wirklich zu interessieren. Alles wirkt irgendwie wie ein großes soziologisches Experiment oder wie durchschaubare Machtspiele.

Was leider schon jetzt gut funktioniert, ist, das Gedränge am Futtertrog zu vermehren und Konkurrenzverhalten zu füttern.

Aber wenn es sich herumspricht, daß der Mangel vielleicht nur behauptet und die versprochenen teuren Rezepte vielleicht gar nicht dagegen wirken, könnte der Spuk eines Tages einfach vorbei sein. Jedenfalls ist es verblüffend, wie heute eine ganze Medizinlandschaft umgepflügt werden soll, und wie leicht das zu gelingen scheint.

Aufwachen! Nein sagen! Was ist denn objektiv schon noch zu verlieren?

Dieses Gegeneinanderausspielen wird am Beispiel des Medikamentenhandels als *„Förderung des Wettbewerbs unter Apotheken"* direkt zugegeben: Sie *„sollten voll in Konkurrenz zueinander treten"* (S. 119). Hier fehlt jeglicher Versuch einer verbrämenden Begründung! Neben den Arztpraxen soll auch den Apotheken die Freiberuflichkeit ausgetrieben werden. Bei den Niedergelassenen durch die vernichtende Konkurrenz mit den Gesundheitskonzernen, bei den Apotheken durch eine ebensolche durch die Discounter (*„Apothekenketten"*) und das Internet.

So wie die Arzt- und dann wohl auch die Apothekenwahl durch unsere Politiker eingeschränkt beziehungsweise aufgehoben werden soll, plant man dies auch für die Krankenkassen (*„Förderung der Spezialisierung und des Wettbewerbs der Krankenkassen"*). Sie sollten sich spezialisieren, um dann *„Kliniken und Ärzte [zu] empfehlen"* (S. 119). Worin aber besteht denn eine solche *„Spezialisierung"* – und womit begründete sich die direkt aus ihr abgeleitete besondere Qualifikation für bestimmte Krankheitsbilder? Oder muß der Patient mit jeder neuen Krankheit die Krankenkasse wechseln?

Auch wenn es unsere Gesundheitspolitiker und ihre einschlägige Lobby bis heute nicht verstanden haben: Eine Krankenkasse ist eine Versicherung. Warum soll ihr ständig neue Kompetenz zugestanden werden, die sie gar nicht hat oder haben kann? Oder hat sie hier nur den Zweck, wie im Zitierten belegt, im Machtkampf gegen die Ärzteschaft in Krankenhaus und Praxis instrumentalisiert zu werden?

Und wer garantiert dem Patienten eigentlich, daß eine Krankenkasse ohne Eigennutz „die Besten" und nicht den „billigen Jakob" empfiehlt, um Geld zu sparen? Und vielleicht ganz viel Geld spart, wenn durch falsche Empfehlung die Lebenserwartung des Patienten sinkt? Wer schützte ihn vor einem solchen Mißbrauch?

Oder sollen sich Kliniken und Ärzte bei den Krankenkassen die Empfehlungen erkaufen? Wer garantiert eigentlich, daß, wenn derart in den „Markt" eingriffen wird, in einer sehr käuflichen Zeit nicht genau dieses geschieht?

Erstaunt mag der Leser auch sein, wenn Professor Lauterbach einen Rückgang der Krankenkassenzahl auf ungefähr ein Achtel der heutigen Anzahl fordert, um erst dann diese kleinere Anzahl von „*30 bis 50 Krankenkassen in Deutschland eine[m] … echten Qualitäts- und Beitragswettbewerb [auszu]liefern*" (S. 119). Der geneigte Leser hat sich ja inzwischen daran gewöhnt, daß im Gesundheitssystem heutiger Politik immer alle gegen alle kämpfen müssen … aber wie soll denn diese Anzahlreduktion ablaufen, so ganz ohne vorherigen Qualitäts- oder sonstigen Wettbewerb?

Die Macht der Monopole

Viele Ziele seien (noch) nicht erreicht. Im „Resümee der Gesundheitsreform" bedauert Professor Lauterbach: „*An den Monopolen der Kassenärztlichen Vereinigungen konnte genauso wenig gerüttelt werden wie an der Abschottung der Apotheken gegen den Wettbewerb. Qualitätsdaten bleiben auch in Zukunft unter Verschluß. Ärzte bekommen mehr Geld in der Hoffnung, daß sie die Patienten nicht weiter gegen die Politik aufhetzen*" (S. 120).

Wenn zentrale Kriterien demokratischer Meinungsbildung und Machtausübung Diskurs und Kompromiß sind, kann nur verwundern, wenn die resultierenden Kompromisse derartig klassenkämpferisch desavouiert werden.

Die offensichtlich (noch) erfolgreichen Gegner im Meinungsbildungsprozeß seien *„Lobbyisten ..., [die] ihre Einzelinteressen zulasten der Beitragszahler durchsetzen"* (S. 120). Er aber sorge sich um die Chancen der Allgemeinen Ortskrankenkassen (S. 121). Ich erlaube mir den Hinweis, daß Professor Lauterbach ausweislich seiner Einkommensangaben im Bundestag für Gutachten für zwei verschiedene Allgemeine Ortskrankenkassen erhebliche Honorare bekam, dieses aber in seinem Buch nicht erwähnt.

Der neue Basistarif

Ein besonderes Husarenstück erscheint mir die Bewertung der Einführung *„eines neuen Basistarifs"* im hier diskutierten Buch (S. 122), bei dem die Privatkrankenversicherungen Leistungen im Umfang und zu Preisen wie die gesetzlichen Krankenkassen anbieten müssen, mit denen nach seiner Analyse viele reichere heutige Mitglieder der gesetzlichen Krankenkassen zu den Privaten abgeworben würden. Sie hätten ja „die gesetzliche Garantie, daß [ihr] ... Tarif nie teurer als" der der gesetzlichen Krankenkassen werden dürfe (S. 122). Man kann diesen Schachzug der Politik (oder diesen Sieg der Lobbyisten einschlägiger Kreise) auch genau anders definieren:

Dieser neue – unter sozialdemokratischer Ägide erzwungene – neue Tarif legt Preis und Leistung zugleich fest. Dies erinnert an die sozialistischen Planwirtschaften und war ein entscheidender Grund für ihr Scheitern. Er zwingt die Privatkrankenkassen dazu, diese neue Dienstleistung „Basistarif" gegebenenfalls von außen zu alimentieren.

Das heißt, die *„Melkkühe"* (S. 122) der gesetzlichen Krankenkassen, wie das hier diskutierte Buch die freiwillig in den gesetzlichen Krankenkassen versicherten Einkommensstarken nennt, verlören diese Melkkuh-Eigenschaft innerhalb ihrer neuen Versicherung, wenn sie dort zum (reduzierten) Basistarif einträten. Sie wären vielmehr ihrerseits bei den Privatversicherungen die Profiteure, weil sie die dort versicherten „Altkunden", also die „echten Privatpatienten", zwängen, ihre Alimentierung mit steigenden Beiträgen zu finanzieren. Wenn dies schmerzliche Ausmaße erreichen sollte, müßten eigentlich in großem Stil auch diese dann ehemalig „echten Privatpatienten" in den Basistarif zu wechseln versuchen. Dies beschleunigte die Preisspirale für die „Volltarifzahler", so daß durch diesen Gestaltungstrick ein offensichtliches politisches Traumziel, nämlich die Zerschlagung der Privatkrankenkassen, allmählich tatsächlich erreicht wird, ohne daß man dies so deklarieren müßte.

Wider den Lobbyismus

Das Klagen über die Erfolge der Lobbyisten ist reichlich irreführend, weil der Klagende sich „lobbyfrei" gibt, obwohl die oben angesprochenen Verflechtungen bestehen. Solange in einer freiheitlichen Demokratie „Lobbyarbeit" erlaubt ist – die „Lobby" ist ja die Wandelhalle der Parlamentarier – wird es „Lobbysiege" geben, das heißt, werden Gestaltungsversuche der Politik abgemildert oder gestoppt. Je nach Sichtweise hat sich dann die (Volks- oder eine andere) Vernunft durchgesetzt oder unsere Profi-Politik versagt, weil die Abgeordneten ja schließlich ein Machtmandat vom Wähler haben und nicht Handlanger der Lobbyisten werden dürfen. Um Lobbyarbeit, die in den seltensten Fälle eine neutrale Beratungsquelle, sondern vielmehr eine eher undemokratische Einflußnahme bedeutet, einzuschränken, müßten sich Strukturen ändern, und zwar auch mit einem klaren Verbot: Berufpolitikern müßte in Feldern, bei denen Lobbyeinfluß zu vermuten oder gar zu beobachten ist, jegliche Abhängigkeit durch wie auch immer deklarierte Lohnverhältnisse gänzlich untersagt werden. Die gewollte wirtschaftliche Unabhängigkeit der Parlamentarier ist ja schließlich die Begründung für die Höhe ihrer Bezüge.

Hier neigen dann ausnahmsweise sonst eher liberale Geister zum Verbot, weil alle Ehrencodices und der Veröffentlichungszwang an der Tatsache, daß viele Politiker mehreren Herren dienen, nichts haben ändern können.

Eine solche Forderung legt zumindest das hier diskutierte Buch nahe, weil es ja die Einflußmöglichkeiten von außen auf unsere Parlamentarier als offensichtlich so groß sieht, daß vernünftiges Regieren oder eine optimale Gesetzgebung erschwert, wenn nicht gar unmöglich gemacht werden.

Das Rentensystem

Das Privileg der Beamten

Die Grundeinsicht zur Feststellung der Renten(un)gerechtigkeit laute: *„In Deutschland [steigt] die Lebenserwartung mit dem Einkommen"* (S. 130) oder *„Reiche leben länger"* (S. 132), oder vice versa, daß *„geringes Einkommen … für sich allein genommen und erst recht in Verbindung mit gesundheitsgefährdenden Berufen die Lebenserwartung reduziert"* (S. 132).

Ein Vorwurfsziel sind die Beamten, weil sie nicht nur *„eine umfänglichere Krankenversicherung und Versorgung beim Arzt als der Steuerzahler, der diese Versorgung bezahlen muß, [sondern auch weit überdurchschnittliche] Pensionen"* erhielten (S. 134).

Dem lesenden Steuerzahler fallen dabei spontan andere Gruppierungen ein, von denen sich diese Gesellschaft gleichfalls die Privilegierung, mehr zu bekommen als der Durchschnittsbürger, der ja alles – direkt oder indirekt – bezahlt, hinnehmen muß. Dazu gehören unsere Wissenschaftler, Berufspolitiker und die (Mit-) Entscheider in der Wirtschaft. Das ist im Grunde auch nicht zu rügen. Allerdings sind es eben keinesfalls nur die Beamten. Für sie könnte man positiv aber auch so formulieren:

Die Beamten, die allen Sinn und Unsinn der politischen Führung umsetzen müssen und ohne eigentliche Gestaltungskompetenz ihrer Treueverpflichtung nachkommen müssen, sind uns eben diesen höheren Preis wert.

Das angebliche Privileg der Freiberufler

Einem wohl unnötigen Verdacht setzt das hier diskutierte Buch übrigens die Freiberufler aus, wenn es deren *„berufsständischen Versorgungen"* (S. 134) eine Altersrente zuschreibt, die zwar um 117 % über der Durchschnittsrente des gesetzlich Versicherten, aber immer noch 16 % unter der Durchschnittsbeamtenpension liege. Die Freiberufler, die zum Teil mit dieser Versicherungsform einer berufsständischen statt der staatlichen Rentenversicherung eine autonome Alterssicherung – und dies mit voller Absicht des Gesetzgebers – unterhalten, zahlen in der Regel nicht nur von relativ höherem Einkommen ihre dann auch höheren Monatsbeiträge (grundsätzlich gleiche Erhebungssätze und Bemessungsobergrenzen wie in der gesetzlichen Versicherung auch!). Sie können auch freiwillig diese Monatszahlungen erhöhen, um den in der Regel späteren Eintritt ins Erwerbsleben versicherungsmathematisch kompensieren zu können. Das heißt, daß sie unabhängig von der Vergleichsgruppe mit „staatlichen Rentenversicherungsansprüchen" als Freiberufler wohl nur deshalb eine relativ hohe Altersversorgung erzielen, weil sie wesentlich mehr eingezahlt haben. Außerdem wirkt sich ihre insgesamt geringere Lebenserwartung versicherungsmathematisch günstig für die rela-

100

tiv wenigen Längerlebenden aus. Allerdings hätte bei einer Betrachtung der Ungerechtigkeit – oder besser: Ungleichheit der individuellen Altersversorgung – schon auch das immer noch einsame Privileg des Berufspolitikers, ohne eigene Beträge zum Teil mehrere Parallelanwartschaften zu erdienen und im Alter mit überwiegend für den Normalarbeitenden unerreichbaren Einkommen seine Mühen vergolten zu bekommen, einer kritischen Diskussion bedurft.

Menschenwürde und Rentengerechtigkeit

Professor Lauterbach fokussiert einen wichtigen Teil rentenversicherungsmathematischer Bedingungen unter den Slogans, daß „Arme jünger sterben" und „Reiche länger leben".

Der Lösungsweg soll eine staatlich finanzierte Einheitsbasisrente sein. Dieses ist nachvollziehbar, hätte aber nicht mit einer Vorwurfshaltung gegen die älter werdenden „Reichen" begründet werden müssen.

Schließlich hatten die „reichen Älteren", sieht man von der Subgruppe der Beamten einmal ab, bislang ja auch erheblich mehr in das System der materiellen Altersvorsorge eingezahlt. Daran aber, daß über eine angestrebte neue Einheitsrente hinaus Bessersituierte in welcher Form auch immer mehr für das Alter zurücklegen können als die Finanzschwächeren und somit auch zukünftig über mehr Geld im Alter verfügen können als jene, ändert diese Komponente der Rentenreform naturgemäß nichts.

Ein Augenmerk sollte allerdings darauf gerichtet werden, wenn die „Alten" sozusagen nur als Sozialproblem wahrgenommen werden. Keine Positivaussage über sie, auch nicht der Ansatz eines Verständnisses, welche Zumutung es darstellt, daß heute an der subjektiven Sicherheit der Renten – ein schon sprichwörtlich gewordenes Politikerversprechen der 80er Jahre übrigens – gerüttelt werden muß.

Ob in der Werbung oder in der Schönheits-Chirurgie: Unsere Gesellschaft scheint kein Alter mehr zu kennen, das positive Werte hätte. Weder Dank dafür, was die Generation vor uns für uns getan hat, noch Neugier auf deren Erfahrungen und deren Wertungen unserer heutigen Handlungen.

Wir verfügen über unsere „Alten", statt mit ihnen gemeinsam ihre – und zukünftig eben auch unsere eigenen – Probleme besser in den Griff zu bekommen.

Für ihre Erfahrungen haben ja Menschen immer irgendeinen Preis bezahlt. Die meisten Menschen wünschen sich, daß die nächste Generation diese Erfahrungen nutzen kann, ohne erneut dafür zahlen zu müssen. Alles das scheint die heute Hauptverantwortung tragende Generation nicht mehr zu kennen. Die heutige Zeit scheint keine vergangene Geschichte und damit letztlich keine Zukunft mehr zu interessieren. Der Marktwert prospektiver politischer Versprechen tendiert gegen Null (so ein Prominenter 2006, es sei „unfair", die Koalitionsparteien an ihren Wahlkampfversprechen zu messen), weil die Wähler sich schon so oft von ihren „Machern" ent- oder getäuscht gefühlt haben.

Wir sind dabei, in der wichtigen Eigenschaft, die Menschen von anderen Lebewesen definitiv zu unterscheiden scheint, nämlich im Bewußtsein für Geschichte und Zeitlichkeit, zu verarmen.

Wo man früher noch das Rauschen des „Mantels der Geschichte" vernommen haben wollte, schnattert heute allenfalls die Aufgeregtheit der Aktionisten.

Die zitierte klassenkämpferische Perspektive hat noch einen weiteren schalen Beigeschmack. Die älteren „etablierten" Menschen – und je älter diese werden, desto eher werden sie im hier

102

diskutierten Buch als Angehörige einer suspekten „Schicht" identifiziert – hätten nur so viel länger als der Gesamtdurchschnitt leben können, weil sie die anderen, die früher starben, ausgebeutet hätten. Der wahre Leistungsträger, unterbezahlt und abgewertet, verbrauche sich, und der Etablierte, ohnehin nur auf den Schultern der Unterschicht lebend und parasitierend, gebe auch im Alter das Geld der anderen aus. Er lebe von ungerechtfertigt zu hohen Altersbezügen, habe Zusatzeinkommen, und ihm stünden Luxusseniorenstifte, eine ihn bevorzugende Ärzteschaft und der ganze Fortschritt einer für die Kleinen unbezahlbaren Medizin zu Gebote.

So kann man Generationskonflikte auch füttern! Man verschweigt dabei dann aber, daß eine differenzierte fortschrittliche Gesellschaft gesundheitsschädlichere und weniger gesundheitsschädliche Arbeiten, aber auch ebensolche Lebensweisen bereithält. Und es ist nicht absehbar, ob diese Differenziertheit jemals überwunden werden kann. Sie aber einseitig – und mit dem Unterton der unterstellten Absicht – den Menschen, die das Glück hatten, eher auf der Sonnenseite gelebt haben zu dürfen, anzulasten, erscheint eher ungerecht und ist nicht problemlösend.

Das „Rentensystem" der politischen Elite

Im artikulierten Konsens ungerechtfertigt guter materieller Abfederungen im Alter gibt es im diskutierten Buch einen großen weißen Fleck. Es ist die für den Zahlbürger oft unerträgliche Selbstbedienungsmentalität ihrer Berufspolitiker.

Wie Professor Hans Herbert von Arnim in mehreren seiner Bücher nachweist, ist dieses System erstaunlich ausgeklügelt. Es ist daher durchaus verständlich, wenn die etablierte Politik es zu tabuisieren sucht.

Aber gerade bei diesem schwierigen Thema hätte man gern etwas von dem schonungslosen Aufdecken, dessen sich Professor Lauterbach ja befleißigt, gespürt. Etwa in Form des Vorschlages, daß Empfänger von Einkommen aus öffentlicher Mandatstätigkeit komplett in Eigenregie für ihre Altersabsicherung sorgen sollten. Es bleibt auch nach Lektüre des „Zweiklassenstaates" ein Geheimnis, warum es nicht völlig deplaziert ist, daß man in diesem Land, das laut Untertitel „die Privilegierten ruinieren", aus verschiedenen politischen Ämtern parallel mehrfache Altersbezüge bekommt. Hier wird schlicht verschwiegen, besser: ausgeschwiegen. Wird statt dessen nur das viel bescheidenere und auch leicht rekonstruierbare und durchschaubare Beamtenpensionssystem attackiert, erscheint dies – auch im genannten Zusammenhang – recht kleinlich.

Man sieht eben auch als kritischer und konfrontationsfähiger Spitzenpolitiker, aber auch als prominenter Sozialwissenschaftler nur das, auf das man achtet und was man eben sehen will.

Die staatliche Zusatzrente

Das hier diskutierte Buch kennt für alle Probleme beim Versuch, unsere Sozialsicherungssysteme zu retten, nur ein durchgängig gleiches Element: den Zwang. Das zeigt sich auch, wenn es bei der staatlich geförderten privaten Zusatzversicherung, die wie alle epochalen Entwicklungen nach ihrem Schöpfer getaufte sogenannte *„Riester-Rente"*, als einen von zwei Haupt-*„Konstruktionsfehler[n]"* den Verzicht, diese Zusatzversorgung als Zwang für alle zu verordnen (S. 140), rügt.

Zwang für alle – das scheint der Königsweg in Professor Lauterbachs Reformwerk.

Verblüffend aber ist bei dieser Zusatzrente, daß sich die Argumentationslinie umkehrt. Waren es bislang immer die höheren

Einkünfte und damit die angestrebte Abschöpfbarkeit absolut höherer Beiträge, die die Begehrlichkeit staatlichen Änderns auslösten, sollen jetzt die „Einkommensschwachen" zu ihrem Glück gezwungen werden, damit nicht hinterher die „Einkommensstarken" alleinigen Nutzen davontragen. Weil die „Einkommensstarken" beim Ansparen überproportional die Steuervorteile der „Riester-Rente" einstrichen, worauf die nichtversicherten „Armen" ja verzichteten, nähmen sie diesen anderen Geld weg. Kein Wort davon, daß das Anliegen der sogenannten Riesterrente der hauptsächlichen Zielgruppe der „Einkommensschwachen" nicht oder zumindest nicht gut vermittelt wurde und die Politik hierin schlicht professionell versagt hat.

Ein zweiter „*Konstruktionsfehler*", daß „*die privaten Versicherungsunternehmen*", an die die staatliche „*Delegation*" der „*Riester-Rente*" erfolgt sei, „*die Verwaltungskosten massiv erhöht*" hätten (S. 140), wäre nach Einschätzung Professor Lauterbachs vermeidbar gewesen. Sie hätte als freiwillige – oder nach der oben genannten Modifikation dann doch wieder nicht freiwillige, sondern erzwungene – Zusatzrentenversicherung bei den gesetzlichen Rentenversicherungen angesiedelt werden müssen. Außer, daß „*die staatliche Rentenversicherung ... insgesamt lediglich eineinhalb Prozent der Ausgaben für Verwaltung und Beratung*" verwende (S. 141), erfährt der Leser hier keine weiteren Daten, die eine solche Vereinnahmung durch ein staatliches Unternehmen so zwingend machen würde. Es ergäbe sich noch ein Zusatzvorteil, weil „*die Rentenversicherung zudem den Überblick behalte ..., wie hoch die zukünftige Rente aus staatlicher Umlage und privater Vorsorge insgesamt ausfällt*" (S. 141).

Zusammengefaßt: Die freiwillige Zusatzversicherung wird zum Zwang, die Liberalität und Vielfalt des freien Versicherungsmarktes wird verhindert, das Staatsunternehmen behält den Überblick – und natürlich die Kontrolle. Was hindert den

Politiker eigentlich noch daran, gleich alles offen als Zusatzabschöpfung für die marode gesetzliche Rentenversicherung zu offenbaren? Und auch zuzugeben, daß es deshalb der Staat sein müsse, der die Gesamthöhe aller Altersbezüge überblicke, damit wohl auch steuern und im Zweifel auch begrenzen könne?

„Eine Überführung der gesamten Riester-Rente in die staatliche Rentenversicherung ist wegen der bereits abgeschlossenen Verträge nicht mehr möglich" (S. 141).

Es ist dies die für den Bürger wohltuende Feststellung, daß unser Rechtssystem hier auch den Staat bindet und seine Eingriffsambitionen beschränkt!

Und damit die Bürokratie nicht doch noch abgebaut wird, fährt das hier diskutierte Buch fort: *„Sinnvoll wäre aber nach wie vor die Pflicht zur Riester-Rente … Jeder, der statt der Riester-Rente der öffentlich-rechtlichen Pflichtsysteme eine private Riester-Rente wollte, müßte auf Antrag aus dem System herausgehen können (Opting-Out-Modell)"* (S. 142). Was herauskommt, ist ein großherziger Verzicht auf vollständige staatliche Okkupation und eine Komplizierung, die die Lippenbekenntnisse unserer politischen Eliten, Bürokratie abbauen und mehr Freiheit wagen zu wollen, einmal mehr widerlegt.

Das höhere Renteneintrittsalter

„Die Rente mit 67" sei ungerecht, pardon: berge eine *„Gerechtigkeitslücke"*, weil sie *„zulasten der Arbeitslosen und Kranken"* gehe (S. 142). Wenn man aber davon ausgeht, daß durch die Verzögerung des meist nur fiktiven Renteneintrittsalters nicht ein einziger Arbeitsplatz zusätzlich entsteht, bedeutet diese Regelung für die vielen, die diese Altersmarke erreichen, ohne bis dahin noch erwerbstätig sein zu können, eine reale Rentenkürzung. Das heißt, daß sich dieses höhere Renteneintrittsalter für viele nur rein theo-

retisch ereignet. Durch die zwei zusätzlichen Fehljahre in der Beitragszahlung fehlen bei vorzeitigem Beginn der Berentung immer diese zwei Jahre bis zur „Vollrente" zusätzlich. Die Ansprüche werden entsprechend gekürzt.

„Rente mit 67" ist eine Mogelpackung, der Not entsprungen und euphemisiert, so wie die Zwangs-Riester-Rente keine eigentliche Zusatzrente, sondern einen obligatorischen Zusatzrentenversicherungsbeitrag zum Ausgleich der parallel abgesenkten „ersten Rente" bedeutet.

Daß bei Reformen einer immer noch am Erwerbslohn aufgehängten Sozialversicherung eher Grausamkeiten als Chancen und echte Verbesserungen zu verteilen sind, ist eigentlich jedem klar. Der sozialversicherte Wähler hätte aber alles Recht, dies auch klar gesagt zu bekommen. Neidaspekte in der Umverteilung aber sind einer echten Demokratie unwürdig.

Dabei ist es nicht so, daß nur für die *„Kranken und Bildungsschwachen"* (S. 143), sondern eben für alle auch Arbeitswilligen und -fähigen, denen aber der Arbeitsmarkt keine Verdienstmöglichkeiten (mehr) bereithält, die Rente sinkt.

Daß es praktisch nur die *„Kranken und Bildungsschwachen"* seien, die keine Arbeit fänden, ist einer der Eckpfeiler im Irrtumsgebäude heutiger Sozialpolitiker.

Würde man „minderqualifizierte Arbeit" nicht verdammen und damit den Schwächeren dieser Gesellschaft nicht die materielle Existenzberechtigung nehmen, könnten vermutlich die allermeisten bis zu einem wie auch immer gearteten Renteneintrittsalter ihr Geld selbst verdienen. Daß sie qualifikationsbedingt unterschiedlich vergütet werden, steht auf einem anderen Blatt. Es wäre erst noch zu beweisen, daß sich am „unteren Ende" des Arbeitsmarktes objektiv etwas änderte, wenn man dort mehr Fortbildungs- und Weiterqualifizierungsdiktate durchsetzte. Unter einer verantwortbaren Maximierung individueller Freiheit („Lassen Sie uns mehr Freiheit wagen") bliebe auch hier zu fordern:

Nicht die Sozial- und Bildungspolitik darf mit künstlichen Kapriolen definieren, unter welchen – mit immer neuen Auflagen und kürzeren Frequenzen – praktisch beliebig definier- und manipulierbaren Bedingungen Fortbildungen und Rezertifizierungen den Qualifikationserhalt und damit die „Erwerbswürdigkeit" sichern. Dies ist ausschließlich Auftrag an die soziale Marktwirtschaft und deren Aufgabe.

Sie wird regeln, wer für was wie viel erhält. Das ist nicht blanker Kapitalismus und somit Diktat der im diskutierten Buch inkriminierten Privilegierten, sondern ein Plädoyer zur Vermeidung einer neuen Oberschicht.

Diese bildet sich aus den Menschen heran, die mit Kontroll- und Qualitätssicherungsautomatik immer beliebiger diejenigen drangsalieren, die die primäre Arbeit erbringen müssen, und objektiv auch nicht mit Heilsversprechen Arbeitsplätze schaffen können.

Den Verteilungsmechanismus von Arbeit und Verdienstmöglichkeit muß eine soziale Marktwirtschaft mit realer Bedarfsentdeckung und -befriedigung und nicht eine etablierte Funktionärs- und Kontrollschicht entscheiden.

Die Geschichte – gerade auch die der Überwindung der Teilung unseres eigenen Landes – zeigt, wie erfolglos die Vollsteuerung einer Volkswirtschaft durch Staatsfunktionäre letztlich ist.

Aus Geschichte lernen zu wollen, erlaubt die Hoffnung, sie nicht stetig wiederholen zu müssen. Dies galt schon vor, aber erst recht nach dem Scheitern des Sozialismus. Und letztlich waren es ja gerade die Nicht-Privilegierten, die dessen „Abwahl" bewirkt hatten.

Menschenwürde und „einfache Arbeit"

In der Denk- und Handlungswelt des hier diskutierten Buches gibt es noch eine zweite Fiktion, die die Situation für *„die heute jungen Opfer unseres schlechten Bildungssystems"* noch verschärfe, weil diese *„jungen Opfer"* den *„stetig steigenden Anforderungen an die Beschäftigten"* nicht genügten (S. 142). Ein Element der Inhumanität dieser „schönen neuen Welt" ist die Ignoranz einer weiterhin bestehenden Notwendigkeit und Existenzberechtigung „einfacher" Arbeiten und, so man es so ausdrücken will, auch der „einfachen" Menschen, die heute ja permanent und immer vehementer abgelehnt und abgewertet werden. So, wie mit leichter Hand die nichtakademischen heutigen Erzieherinnen, die ja unser heutiges Gemeinwesen mit vielen anderen mit aufgebaut und es damit zu etwas gebracht haben, zugunsten akademisch gebildeter Nachfolger/innen abgewickelt werden sollen, so erkennt man in dieser neuen Sicht nicht mehr an, daß der Mensch – jeder Mensch! – aus sich heraus einen jeweils eigenen und einzigartigen Wert hat, der als „Menschenwürde" oberste Verfassungsverpflichtung aller Staatsgewalt ist.

Es ist eben falsch und inhuman zu glauben, einen jeden stetig höher qualifizieren zu müssen, und damit jene, die nicht mehr mitkommen wollen oder können, permanent abzuwerten, wenn es keinen objektiven sachlichen Grund für diese Spirale gibt.

Dieser Höherqualifizierungsfetischismus erscheint schon deswegen absurd, weil diese „höherwertigen" Arbeitsplätze nicht beliebig vermehrt werden können.

Ohne solchermaßen höhere Qualifikationen erzwingende Arbeitsplätze oder, allgemeiner gesagt, Aufgaben zu haben oder sie notwendigerweise zu brauchen, ist alles ein billiges Hamsterrad, zermürbend für seine Insassen, lustig von außen anzuschauen, ohne daß die Getriebenen auch nur einen Zentimeter weiter-

kämen. Ein Element der Kälte dieser neuen Welt, die den behaupteten „Zweiklassenstaat" ablösen und überwinden soll, ist die Leistungsuniformierung aller und ihre Kontrolle und Manipulation durch selbsternannte Eliten.

Anders ausgedrückt: Man schafft Qualifikationen, für die man keine Arbeitsplätze mit entsprechender Bezahlung zur Verfügung hat. Das ist zwar ärgerlich und unwirtschaftlich, aber noch nicht eigentlich inhuman. Inhuman wird das System dadurch, daß man Menschen mit „niedrigeren" Abschlüssen oder „niederwertigeren" Tätigkeiten inflationär abwertet. Warum sollen die Chancen einer Gesellschaft nur denen zur Verfügung stehen, die mit entsprechenden Ausbildungen und Arbeitsplätzen privilegiert sind? Warum schlägt sich eine politische Richtung, die die „Kleinen" vor „Eliten" schützen zu wollen vorgibt, derart auf die Gegenseite, indem sie die fortlaufende „Höherqualifizierung" zum Prüfstein macht? Hält sie nicht je nach Sichtweise die „Kleinen" dadurch in Laune oder in Schach, indem sie sie nach ihren Kriterien nachreifen läßt, wobei der einzig wirklich sichere Mechanismus der Machterhalt und die Ernährung der Nachqualifizierer ist?

Warum soll eine Gesellschaft nicht auch Schutz und Raum für die bieten, die das Hamsterrad des Schneller-Höher-Besser nicht besteigen oder es verlassen wollen?

Wenn eine Gesellschaft wie im diskutierten Buch die als „Verlierer" Taxierten mit „durchfüttern" muß, warum entwertet sie „einfache" Arbeiten und läßt zu, daß diese Arbeitsplätze massenhaft verschwinden? Warum zahlt sie Sozialhilfe an die „Verlierer", die den „Etablierten" dafür auch noch Ressentiments entgegenbringen und die sie ihrerseits vielleicht verachten?

Warum gibt es immer weniger den Menschen am Telephon statt des Sprachautomaten in der „Hotline" vieler Konzerne?

Machen nicht diese Sprachautomaten die Anrufer ihrerseits zu Sprachdeppen und Tastenidioten?

Warum gibt es in Deutschland den Tankwart, der im Süden Europas noch so selbstverständlich ist, nicht mehr?

Warum blutet die soziale Dimension unserer Arbeitswelt immer weiter aus? Wer rettet unser Sozialsystem für die Schwachen, gerade auch dann, wenn sie nicht jede Neuerung mitmachen? Auch wenn sie aus schlechter Erfahrung häufiger diese Gesellschaft als solche in Frage stellen?

Wenn schon so viel Geld und Phantasie für die Analyse und Therapie der Zukunft aufgewendet wird: Warum kein Mut zu mehr Differenziertheit? Warum ist es so schwer, einen Menschen mit „einfacher" Arbeit als Mitmenschen genau so zu achten wie den „Winner" unserer hektischen Zeit? Warum haben wir den Glauben daran verloren, daß jemand, der eine „einfache" Dienstleistung erbracht hat, abends nicht mindestens genauso zufrieden nach Hause kehrt, wie der in harten Diskussions- und Taktikschlachten geübte Politiker, der Multifunktionär, der Yuppie?

Der Privilegierte, der vielleicht nur noch „Lebenspartnerschaften" statt Familie und Kinder – die Zukunft auch unseres Landes – kennt, mag statt dessen glauben, daß das richtige Leben dann stattfindet, wenn man abends noch in irgendwelche Konferenzen irrt oder sich im verschworenen Kreis seiner engsten „Freunde" auf zukünftige Erfolge einschwört und die nächste Schlacht plant.

Jeder Mensch hat, unabhängig von seiner Weltanschauung, sein in unserer Verfassung garantiertes Recht auf Menschenwürde. Dieses hat man ihm nicht gegeben, und man kann es ihm auch nicht verwehren. Es gehört in humaner Weltsicht einfach zum Wesen des Menschen. Einzig die (Be-)Achtung und der Schutz dieser Menschenwürde auch durch den Staat bedurften der – an prominentester Stelle und auch als unabänderlich festgelegten – Erwähnung in unserer Verfassung. Sie erwuchs ja innenpolitisch aus den Trümmern eines andersdenkenden und -handelnden Terrorregimes und eines furchtbaren Weltkriegs.

Warum, um dies hier abzuschließen, redet man einen gesamten Berufsstand, nämlich den der „ungelernten" oder eben nur nichtstudierten gelernten Erzieherin – ohne Chance auf Gehör oder Gegenwehr – zu Tode, um den einer akademischen Erziehungskraft zu kreieren, den eine warme und überlebensfähige Gesellschaft vielleicht gar nicht so dringend braucht? Wo bleibt die Würde dieser Menschen? Warum ist plötzlich alles, was unser Gemeinwesen bisher hervorgebracht hat und das ihm den heutigen Stand ermöglicht hat, falsch und zukunftsunfähig? Wenn nein: Wer versucht – und warum –, uns das Gegenteil einzureden? Warum versuchen wir uns immer international kleinzureden und überanzupassen, statt als Gesellschaft – und als Staat – einen eigenständigeren Weg zu wagen, ohne unsere Solidarität mit den anderen aufzukündigen? Was denn, wenn nicht die Andersartigkeit, macht den Charme eines Urlaubslandes aus? Sind es nicht gerade die lokalen und patriotischen Typica auch im „innereuropäischen" Ausland, die uns Deutsche oft erstaunen lassen, während uns in der Heimat „Globalisierung" und „Europäisierung" oft als Einschränkung und Bedrohung erscheinen?

In der Psychologie – unklar bleibt übrigens ihr Stellenwert im hier diskutierten Buch – gibt es zwei wichtige neue Tendenzen gegen die Hetze und das Gehetztwerden in dieser neuen Welt: Die Simplifizierung und die Entschleunigung. Also nicht die Tempomacher, die sich an die Spitze eines beobachteten oder auch nur vermuteten Trends setzen und schneller als die anderen sein wollen oder müssen und die sich allein schon durch die ständige Komplizierung unentbehrlich machen zu können hoffen, sondern die Ruhe zur Reifung, zum Nachdenken, zum Ge-

spräch, und die Ehrfurcht vor dem Mitmenschen in seiner Gesamtheit und seiner Einzigartigkeit wären anstrebenswürdige Bausteine einer erlebenswerten Zukunft. Es ist zu befürchten, daß die heutigen Macher mit dieser neuen (oder wieder neu zu entdeckenden) Welt nicht viel anzufangen wissen.

Die Rentenbezugsdauer und die Erwerbsminderungsrente

Für eine wichtige *„Ungerechtigkeit"*, der das heutige Rentensystem nicht nur unzureichend Rechnung trage, sondern sie noch verschärfe, sei die ungleiche Dauer der *„Rentengesamtbezugszeit"*. Dieses ist die Genußdauer einer Rente, und da die Lebenserwartung der *„Reichen"* oder *„Besserverdiener"* höher als die der *„Geringerverdiener"* oder *„Einkommensschwachen"* sei, entstehe diese Ungerechtigkeit. Dies gelte in besonderem Maße, wenn das Rentenalter allgemein um zwei Jahre auf 67 angehoben würde. Relativ verlören durch die zwei Jahre längere Arbeitszeit vor diesem Renteneintritt die ersteren 11 %, die letzteren 19 %. Diese Ungerechtigkeit würde nicht geringer, wenn die Lebenserwartung auch zukünftig anstiege, *„weil die Lebenserwartung der Einkommensstarken stärker steigen dürfte als die der Einkommensschwachen"* (S. 144).

Eine „Stärkung der Erwerbsminderungsrente" würde *„die Rentenrenditen der Armen und Reichen angleichen"* (S. 146). Ketzerisch gesagt, wäre sie der *„würdevoll[e]"* vorzeitige Ausstieg aus dem Arbeitsmarkt für *„diejenigen, die wegen einer Krankheit keine Chance auf einen Job haben, aber noch nicht arbeitsunfähig sind"*. Um Mißbrauch zu vermeiden, das heißt, um für Gesunde eine vorzeitige *„Rente plus Schwarzarbeit"* zu verhindern, müsse die Begutachtung *„durch speziell ausgebildete unabhängige Ärzte"* vorgenommen werden. Die jetzigen Gutachter versagten zu oft eine

„Erwerbsminderungsrente", weil sie *„stark von den Interessen der Rentenversicherungsträger beeinflußt"* seien (S. 145).

Die Steigerung der Häufigkeit der „Erwerbsminderungsrente" sei der Königsweg, den *„Einkommensschwachen"* Schichtnachteile gegenüber den *„Reichen"* zu mindern. In großem Stil betrieben, würde sie aber dazu führen, daß die heutigen politischen Eliten eine neue Zweiklassigkeit beim Renteneintrittsalter schüfen. Die „Armen" bekämen ihre Rente qua Erwerbsminderungsrente früher als die „Reichen", für die ja, weil sie sich nicht so aufarbeiteten, die *„Rente mit 67"* Realität würde.

Auch hier wird wieder mit einer nur behaupteten Abhängigkeit bisher tätiger und die ebenso behauptete Unabhängigkeit zukünftiger ärztlicher Gutachter argumentiert. Ob die bisherige Abhängigkeit besteht, sei dahingestellt. Daß aber „neue" Gutachter automatisch unabhängig seien, erscheint als reine Fiktion. Denn das neue System instrumentalisierte „seine" Ärzte genauso wie der zu überwindende bisherige „Zweiklassenstaat" die seinen. Eine abstrakte „Unabhängigkeit" kann es nicht geben. So, wie das hier diskutierte Buch den heutigen Rentenversicherungsgutachtern unbewiesen eine Abhängigkeit attestiert, so glauben heute auch viele niedergelassene Ärzte nicht an eine mehr als nur formal gegebene Unabhängigkeit der heute für den Medizinischen Dienst der Krankenkassen tätigen Kollegen, die schließlich im Brot der Krankenkassen stehen.

Sobald ein Mensch von einem anderen – oder einer Institution – bezahlt wird, liegt die Vermutung nahe, daß er auch in dessen oder deren Interesse handelt. Professor Lauterbach tut dies bei den Rentenversicherungsgutachtern, aber auch bei *„willfährigen Professoren"* (beispielsweise S. 188) oder *„habilitierten Mietmäulern"* (so auf S. 67).

Symptomatisch ist, daß der Mechanismus, der eine Unabhängigkeit von seinen speziell ausgebildeten Ärzten (wer bildet sie aus, wer finanziert diese Ausbildung, wer bezahlt die Ärzte, wer überprüft ihre Entscheidungen, wer überprüft deren Überprüfer? etc.) sicherstellen soll, nicht einmal in groben Umrissen klar wird. Die Legitimation, einen suspekten Sachverhalt grundlegend ändern zu können, gewinnt man nicht durch den bloßen Anspruch. Und bleibt man die Beweisführung schuldig, verstärkt man nur die Skepsis, daß hier fremde Interessen behauptet und eigene durchgesetzt werden könnten.

Teilzeitarbeit und Rente

Bei der *„Förderung von Altersteilzeit und Teilrente"* finden sich akzeptable Einsichten über die Flexibilisierung des Übergangs zur Rente, wobei die fehlenden Umsetzungsszenarien und die vorgebliche Freiwilligkeit und Selbstbestimmtheit in einem auffälligen Kontrast zur sonstigen „Zwanghaftigkeit" der anvisierten „neuen Welt" stehen und auch unklar bleibt, wie der Arbeitsmarkt und die Betriebe diese umsetzen sollen. *„Es gehört zu einer humanen Gesellschaft, daß dem Wunsch, im späten Erwerbsalter nicht mehr voll oder im frühen Rentenalter weiterarbeiten zu wollen, Rechnung getragen wird"* (S. 146).

Es bleibt aber festzuhalten, daß das ganze Kapitel von einer sehr starken Ablehnung einer heutigen Zweiklassigkeit und der Kassennot unserer Sozialversicherungssysteme bestimmt wird. Die postulierte Freiwilligkeit und Selbstgestaltungsfähigkeit des Menschen an der Schwelle zur Altersrente kann man nicht so recht glauben, weil sie zur gesamten bisherigen Argumentationslinie schlecht zu passen scheint.

Die „Regelungen" und „Anreize", die ja den Horizont der Freiwilligkeit bestimmen müßten, werden aber nicht genannt. Warum

115

aber sollten die als Negativ-Eliten gescholtenen Arbeitgeber hier plötzlich freiwillig Terrain aufgeben? Wie könnte der Arbeitnehmer seine Ambitionen umsetzen?

Ferner enthält dieses Kapitel überraschenderweise eine Aufforderung zu einem flexibleren Eintritt in das Erwerbsleben und einen Hinweis auf die Notwendigkeit, *„Möglichkeiten ... [für die Übernahme der] Pflege der eigenen Eltern"* (S. 146) zu schaffen. Der stattgehabte Koalitionsstreit zur Finanzierung (bezahlte Auszeit versus unbezahltem Sonderurlaub) dieses sicher wünschenswerten Modells fehlt aber ebenso wie die Angabe eines eigenen Durchsetzungs- und Finanzierungsmodells.

Erhöhung des Steueranteils an der Rentenversicherung

Kongruent mit der übrigen Linie aber sind die Vorschläge zur „Erhöhung des Steueranteils der Rentenversicherung", bei der die „Gutverdiener" zugunsten einer steuerfinanzierten Grundrente für alle über eine *„progressiv wirkende Einkommensteuer"* (S. 147) stärker zur Kasse gebeten werden sollen. Die Ungerechtigkeit, als „Gutverdiener" durch ihre höhere Lebenserwartung bevorzugt zu werden, werde ausgeglichen durch die Ungerechtigkeit einer stärkeren Abschöpfung bei ihnen aus der Einkommenssteuer.

„Wegen der fehlenden sozialen Kontrolle am Arbeitsplatz und ihres geringen Einkommens sind [die Bildungsschwachen] stärker von chronischer Krankheit bedroht. Im Durchschnitt werden sie außerdem deutlich früher krank, als sie es in einer besseren sozialen Situation gewesen wären" (S. 147). Dies ist ein typisches Beispiel für den Einsatz der Statistik als politisches Instrument und nahezu soziologische Propädeutik, aber kein medizinischer Kausalitätsnachweis!

Das Kapitel des Rentenversicherungsumbaus endet mit dem Appell: *„Vollends inakzeptabel ist es, wenn die Reichen sich ihre Leistungen wie im Fall der Renten auch noch von den Armen bezahlen lassen. Deshalb muß unser Rentensystem umgebaut werden"* (S. 148). Das Nachkriegsdeutschland hatte unter schweren Wehen eine parlamentarische Demokratie aufgebaut. Der Wahlbürger ist der Souverän und delegiert seine Macht an einen inzwischen sehr teuer gewordenen parlamentarischen Apparat. Wenn dann trotzdem „die Reichen" es schafften, sich von „den Armen" bezahlen zu lassen, hätte diese parlamentarische Machthandhabung als (Gegen-)Steuerung versagt. Unser Land hat aber eine solch einseitige Darstellung nicht verdient. Es ermöglicht vielmehr die offene Diskussion und das Ringen um den besten Weg. Dabei hat niemand das Monopol auf Wahrheit und Richtigkeit. Unser Parlamentarismus hat aber mit Sicherheit bislang erreicht, daß keine Interessengruppe sich derart eindeutig zugunsten anderer bedienen kann. Die Machtwirklichkeit unseres Landes derartig darzustellen, rüttelt an den Grundfesten des freiheitlich verfaßten Staates. Man sollte schon aus Gründen der Wahrhaftigkeit und Fairneß darauf verzichten.

Die Pflegeversicherung

Bildung und Pflegebedürftigkeit

Die *„Einkommensschwachen"*, die im heutigen Bildungssystem ihren Kindern kaum Chancen verschaffen könnten und denen das Gesundheitssystem eine schlechtere Versorgung zukommen lasse, hätten ein höheres Pflegerisiko auch wegen vorzeitigeren geistigen Abbaus. Der Abbau der *„Geisteskraft"* sei deshalb stärker als bei den *„Besserverdienenden"*, weil *„sie mehr Risikofaktoren [hätten]. Dazu zählen insbesondere der Bluthochdruck, erhöhte Choleste-*

rinwerte, das Rauchen, zu hoher Alkoholkonsum und die Zuckerkrankheit. Leider erklären viel zu wenige Ärzte ihren Patienten, daß sie durch hohe Blutdruck- oder Cholesterinwerte ihr Gehirn massiv schädigen" (S. 153). Dies liege an den Einkommensunterschieden, der *„Zweiklassenmedizin"* und an *„ihrer geringen Bildung"* (S. 154).

Beweisend dafür sei, daß *„in Deutschland die wenigen privat versicherten Frauen im Durchschnitt etwa 5,3 Jahre und die Männer 7,1 Jahre länger leben als die gesetzlich versicherte Mehrheit der Frauen und Männer"* (S. 154).

Es dürfte nicht wenige wissenschaftlich Denkende geben, die hierbei eine Korrelation und keine Kausalität sähen, weil Einkommensunterschiede als solche auch den Versicherungsstatus begründen können und beides zu einer „Schicht" passen könnte, die sich vielleicht bei der Erwerbstätigkeit weniger verbraucht, aber vielleicht auch nur etwas besser auf die Appelle von uns Ärzten und unseren Epidemiologen hört.

Noch problematischer ist der herauszuhörende Vorwurf, daß die Unterschicht-Risikofaktorenerhöhung in der geringen Aufklärungsarbeit viel zu vieler Ärzte begründet sei.

Wer eine normale Hausarztpraxis mit einer normalen Verteilung des Versicherungsstatus betreibt und seine Patienten präventiv untersucht und berät, ja sie sogar führen will, stößt auf unterschiedliches Verständnis und unterschiedliche Einsichtsfähigkeit. Dies kann auch ein Kommunikationsproblem zwischen dem wohl der privilegierten Schicht angehörenden Arzt und einem angeblich vom System benachteiligten Patienten liegen.

Zum Annehmen ärztlicher Ratschläge aber gehört, daß man das Gesagte versteht, man einsichtig ist und es umsetzen will. Kennt man hausärztliche Wirklichkeit, wird man wissen, daß hier eher ein oft frustranes Mehr- statt eines schichtbedingt verminderten Aufklärungsbemühens vorliegen dürfte.

Es wäre schön – ist aber im wirklichen Leben, in der Medizin und in der Pädagogik sicher nur ausnahmsweise der Fall – wenn der Aufklärungsaufwand mit dem Aufklärungserfolg korrelierte oder gar ursächlich mit einer Verhaltensänderung oder gar einer meßbaren Risikominderung zusammenhinge.

Wer im täglichen Arztleben sich redlich bemüht, weiß diesbezüglich um seine Grenzen und die seiner Profession. Nicht alles, was der Arzt weiß und will, versteht und will auch der Patient!

Die Erbschaftssteuer

Die „unsolidarische Finanzierung der Pflegeversicherung" folgt laut Professor Lauterbach, ihn hier stark vereinfachend, dem gleichfalls ungerechten Trennungsprinzip von gesetzlicher und privater Krankenversicherung. Eine prozentuale Abschöpfung der „Reichen" ließe wesentlich höhere Beiträge in das Solidaritätssystem einspeisen, was aber unterbleibt, weil die privaten Pflegekassen der Risikostruktur der privaten Krankenkassen folgen und nicht der Einkommens- und Altersstrukturmitfinanzierung der gesetzlichen Pflege- und Krankenkassen. Hier würde Gerechtigkeit dadurch geschaffen, daß man faktisch den staatlichen Zugriff auf das potentielle Erbe Pflegebedürftiger unbegrenzt erlaubt, weil in die Pflegeversicherung zwar alle einzahlen, aber nur *„Einkommensschwache ... ohne Erbe"* Ansprüche haben sollten (S. 151). Die Ungerechtigkeit oder Unsolidarität zweier verschieden angelegter Pflegeversicherungen wäre durch eine allgemeine Zwangsabgabe, die nur einem Teil der Versicherten zustünde, ersetzt. Dabei wäre dann natürlich auch der Verzicht auf die Doppelgleisigkeit zugunsten einer Einheitsversicherung logisch.

Mit anderen Worten: Die Ungerechtigkeit der jetzigen Finanzierung des Pflegerisikos scheint durch eine andere Ungerechtigkeit (Einzahlen ohne Gegenleistung) ersetzt zu werden.

Einen schwierigen Einblick in die Wirklichkeit parlamentarischer Gesetzgebung erlaubt der Autor des hier diskutierten Buches: *„Es hat hier den Anschein, als ob die Beamten Gesetze nur für sich und die anderen Privilegierten in Deutschland gemacht hätten"* (S. 152). Dies sagt nicht ein Stammtischbruder, sondern ein Abgeordneter des deutschen Bundestages!

Die gesetzgeberische Hoheit liegt bei der Legislative, nicht bei der Exekutive. Die Gewaltenteilung ist eine der tragenden Säulen unseres Staates. Es ist schlicht nicht zu glauben, daß unsere Gesetze von Beamten gemacht würden oder daß das Beamtentum gar noch der Einflußnahme seitens *„andere[r] … Privilegierte[r]"* nachgäbe!

Die sogenannten Pflege-Skandale

Ebenso ungerecht gehe es bei der stationären Pflege zu: *„… die meisten vermögenden Pflegebedürftigen [seien in … eigens für sie errichteten Edelpflegeheimen untergebracht, … [während] die Versorgung der meisten gesetzlich versicherten Pflegebedürftigen massive Qualitätsprobleme [aufweise] … und … durch bürokratische Hemmnisse erschwert"* sei (S. 157). Dies führe zu *„schockierende[n] Zuständen in der Pflege"*.

Garant für objektive Kontrollen sei hier der Medizinische Dienst der Krankenkassen. Er ist es ja auch, der immer wieder die angeblich katastrophalen Umstände öffentlichkeitswirksam aufdeckt, was aber nur möglich sei, weil *„Ärzte in der Pflegeversorgung eine geringe Rolle [spielten und daher] … die Qualitätskontrollen nicht so stark ab[wehrten] wie im Krankenhausbereich"* (S. 158).

Mit anderen Worten: Es scheint ein Komplott zu geben zwischen den Beamten, die sich selbst ihre Gesetze zur Begünstigung in der Pflege schafften, und den Ärzten, die eine wirksame Kontrolle der Pflege verhinderten.

120

Die auch von Professor Lauterbach wiedergegebenen Vorwürfe gegen **die** Pflegeheime sind Ergebnisse einer Kontrollwirtschaft, die ohne eigentliche eigene Handlungsverantwortung das Tun anderer (ab)werten kann und dies auch publizistisch wirksam gerne macht. Zum einen ist es eine Fiktion, daß ausgerechnet der Medizinische Dienst der Krankenkassen eine neutrale Institution sei. Die Kranken- beziehungsweise Pflegekassen sind Partei in diesem System und verfolgen eigene – explizit auch materielle – Interessen. Sie sind nicht selten genug bei der Pflegestufeneinordnung (und damit der Festlegung der finanziellen Unterstützung) und der (ablehnenden) Entscheidung über Hilfsmittelverordnungen für eine aus der Sicht der Betroffenen und der behandelnden Ärzte unzureichende Versorgung (mit)verantwortlich.

Am Los der Heimbewohner bessert sich durch dieses Kontrollregime nichts, ihr – vorgebliches – Schicksal wird im politischen Kräftespiel einfach nur instrumentalisiert. Wenn sie vom Pflegesystem mißhandelt werden sollten, dann geschieht ihnen dies durch den Umgang mit ihren Problemen gleich noch ein zweites Mal!

Die fast schon ideologisch anmutenden Beanstandungsgründe sind so etabliert, daß ein nicht verbandsorganisierter praktisch tätiger Arzt es kaum wagen kann, etwas dagegen zu sagen.

Noch ein Zweites ist anzumerken: Wer mit der Materie tagtäglich befaßt ist, weiß, daß „Pflegemängel" oft lediglich „Dokumentationsmängel" sind. Jedes Ereignis, jeder Kratzer eines Heimbewohners muß aufgezeichnet und am besten immer vom Hausarzt gegengezeichnet sein, damit die Heimüberprüfung keinen Mängelanlaß hat. Entstehen hier Versäumnisse, kann schon durch die Publikationsfreude der Prüfer, die, wie gesagt, bei diesem Prüfvorgang keinerlei eigenes Risiko eingehen, durch solche – rein technischen – Fehler einem Pflegeheim eine existenzgefährdende

Rufschädigung oder gar die Schließung von Amts wegen beschert werden kann.

Es wirkt dann doch reichlich zynisch, wenn genau die Konsequenz daraus, nämlich möglichst überhaupt nichts undokumentiert zu lassen, den Heimen als *„Dokumentationswahn"* angelastet wird.

Mit anderen Worten: Nicht die Heime haben einen Dokumentationswahn, sondern die modernen Eliten unserer Gesellschaft, die darin vielleicht auch ein schlechtes Gewissen beruhigen müssen, haben hier einen Kontrollwahn. Er macht die Begegnung zwischen Menschen im medizinischen oder pflegerischen Bereich zu „Vorgängen", die durch eine neue Oberschicht der Kontrollierenden überprüfbar sein muß und permanent auch überprüft wird. Da fehlt meist nicht nur ein erkennbares Ziel, sondern oft genug jegliches Maß. Kritik ist sicher grundsätzlich angebracht, weil immer wieder Fehler gemacht werden. Fehler, in den allermeisten Fällen kein Vorsatz! Aber durch die Form der Reaktion und das so oft herausspürbare Verlangen, Skandale aufzudecken, fällt eine sachliche und problemlösungsorientierte gemeinsame Suche nach Verbesserung schnell einer Publicity-heischenden Inquisition zum Opfer. Es gab aber immer schon – und es gibt sie auch weiterhin – diese stillen Kontrollen, und es gibt die würdigen Begegnungen zwischen den Menschen, die in der Pflege, und denen, die in ihrer Aufsicht Verantwortung tragen, die dann im Stillen klären und abhelfen. Aber die lärmhaften, skandallüsternen und oft befangenen Aufdeckungskontrollen, über die das hier diskutierte Buch ja berichtet, sind unangemessen und instrumentalisieren politisch und/oder wirtschaftlich das Schicksal pflegebedürftiger Menschen für ihre eigenen Zwecke.

Zur Menschenwürde des Pflegebedürftigen kommt die Menschenwürde des ihn Pflegenden. Wer seine Arbeit, materiell schlechtestens vergütet, unter derartiger Angststeuerung verrichten muß, daß er ohne eigentliche Chance auf Gehör permanent unter einem Damoklesschwert lebt, der wird nicht nur schlecht behandelt, sondern er arbeitet dann auch schlechter.

Solange diese Gesellschaft glaubt, Institutionen für Vorschulkinder und Ältere vorhalten zu müssen, muß sie den Menschen, die sie dafür einsetzt, auch ein menschenwürdiges Arbeiten ermöglichen und sie für ihre schwere Arbeit, die heute immer noch in einem gesellschaftlichen und materiellen Randbereich stattfindet, anerkennen. Sie permanenter, oft bösartiger Kritik auszusetzen, ist ungerecht. Irritierend ist auch, wenn die angeblich schlechte Leistung dadurch erklärt wird, daß *„die dort arbeitenden Menschen … zu häufig gering qualifiziert [seien], weil nur Niedriglöhne gezahlt werden"* (S. 166). Allenfalls folgt hier dem materiellen Minderangebot die entsprechende Minderanfrage – nicht umgekehrt!

Finanzierung der Pflege

Im hier diskutierten Buch wird aber auch gelobt, daß *„der Pflegebereich … eine sehr wertvolle und für unsere Gesellschaft politisch wie moralisch stabilisierende Funktion"* übernehme (S. 167). Der höhere Finanzbedarf für eine kompetentere Pflege könne über eine neue Abgabepflicht auf Nichtarbeitseinkommen oder zusätzliche Steuern gedeckt werden.

Finanzierungsreserven erwüchsen auch aus *„Entbürokratisierung der Pflege"*. Analog der *„Situation … wie bei den Erzieherinnen in der Kindertagesstätte"* (S. 168) müsse eine *„bessere Qualifizierung der Pflegekräfte"*, bei Sprachausländern auch eine Nachqualifizierung erfolgen. Nicht gesagt wird, ob hier vielleicht nicht gleich nur Akademiker diskutabel sind. Die Überlegungen, daß eine *„bessere Vergütung der ambulanten Pflege"* durch eine dann relativ geringere Vergütung der professionellen stationären Pflege *„wirt-*

123

schaftliche Anreize für [die] Heimunterbringung" vermeiden könne, klingen hypothetisch.

Das Leben eines älteren Menschen außerhalb der Heime ist allemal wesentlich billiger als im Heim. Dabei ist es einerlei, ob die Angehörigen und potentiellen Erben direkt zuschießen oder ob sie später durch vorzeitigen Aufbrauch des Erbes, weil ja das Vermögen der späteren Erblasser für die Heimkosten regelhaft verbraucht wird, diese Mehrkosten indirekt erbringen.

Wenn schon materielle Gründe für oder wider eine häusliche Pflege sprechen sollten, können geringe Modifikationen bei der Vergütung der Pflegekräfte allenfalls einen sehr marginalen Einfluß haben.

Behördliche Kontrollwut

Was als *„Transparenz bei der Qualität der Pflege"* firmiert, ist institutionalisiertes Mißtrauen pur. Die *„unangekündigten Prüfungen der Medizinischen Dienste"* (S. 170) haben nichts mit Freiwilligkeit oder Freude am Wettbewerb zu tun, sondern sind motiviert in der Fiktion, ständigem Betrugs- und Verschleierungsverhalten entgegenwirken zu müssen. So wie hier gefordert, verweigert man den betroffenen Einrichtungen die Chance auf Gehör. Sie werden an den Pranger gestellt.

Und auch hier sei die Feststellung wiederholt: Der Medizinische Dienst der Krankenkassen steht im Brot eines der Mitspieler im System, er **kann** daher gar nicht neutral sein. Es ist die Blindheit eines alles in Frage stellenden Kontrollsystems, daß es sich ausgerechnet in einem solch wichtigen Kontext axiomhaft einer Gegenprüfung entzieht.

Diese Art nichtneutraler Kontrollen bedrohen unmittelbar: Die *„Schließung defizitärer Heime"* könnte einem *„momentan[en]*

Überangebot" entgegenwirken, weil *„der Pflegemarkt auf minderwertige Leistungen verzichten"* könne (S. 171).

Die Furcht vor Existenzverlust ist ein wichtiges Steuerungsmittel. Zur Angst eines jeden Arbeitenden in diesem Land, seinen Arbeitsplatz verlieren zu können, kommt die Befürchtung, die Qualifikation aberkannt zu bekommen, wenn man nicht bestimmte Punkte bei Kontrollen, nicht bestimmte Fortbildungszeiten und -themen und so weiter aufweisen kann. Hier kommt, parallel zur Drohung gegen mißliebige Krankenhäuser und Chefärzte, noch die der „Schließung" der Heime staatlicherseits hinzu.

Alle Macht liegt in der Hand von selbstbestallten Kontrolleuren, deren Tun und Unterlassen selbst nicht mehr kontrolliert oder sanktioniert wird. Sie stehen außerhalb des Hamsterrades und erfreuen sich an der „Lebendigkeit" seiner Insassen. Statt auf freiwillige Zertifikate oder schlicht auf die Kräfte des Marktes (Stichwort: Angebot und Nachfrage) zu setzen, vertraut man lieber dem Dirigismus und der „höheren Einsicht" höherer Institutionen. Es ist dies die neue Oberschicht im realen Zweiklassenstaat moderner Prägung.

Die Abschaffung des Hausarztes für die Heimbewohner

Meine ärztliche Berufsgruppe ist dabei auch im Visier der Umgestalter. Man raubt den Alten und Hilflosen, denen man damit eine weitere Verbindung zum früheren Leben künstlich kappt, das bisher selbstverständliche und hohe Recht auf freie Arztwahl – wie praktisch überall im neuen Medizinsystem des hier diskutierten Buchs. Dieser Systemumbruch wird in der *„Versorgung der Pflegebedürftigen durch Fachärzte für Altersmedizin"* versteckt. Verächtlicher kann man den Vorwurf, sie für unredlich und unfähig zu halten, gegen die Kollegengruppe der Hausärzte kaum ausdrücken: *„Mit dem Scheinargument, der Patient wolle beim Wechsel in ein Heim nicht den langjährigen Hausarzt einbüßen, stellen die Funktionäre der Hausärzte sicher, daß sie ihre Patienten nicht verlieren. Also bereisen zu viele Ärzte die deutschen Heime, oft ohne Kenntnisse in der Versorgung geriatrischer Patienten. Übermedikamentierung und eine mangelhafte medizinische Betreuung der Patienten sind oft die Folge"* (S. 171).

Unter dem Mantel wissenschaftlicher Autorität mißachtet man hier mit dem unbelegten Scheinargument der Qualitäts- und Effektivitätssteigerung die Würde des alten und oft hilflosen Menschen. Um die angebliche Macht der Funktionäre zu brechen, wird hier der Wille der Patienten vorsätzlich und ohne rückzufragen ignoriert.

Ich habe in jahrzehntelanger Hausarzt- und damit Heimmitbetreuungsfunktion bislang nicht ein einziges Mal den leisesten Zweifel daran gespürt, daß auch der Bewohner eines Alten- und Pflegeheims den Arzt seines (bisherigen) Vertrauens haben beziehungsweise behalten will. Daß es deren dann in einem Heim mehrere oder viele sind, stört die Bewohner überhaupt nicht und das Personal allenfalls auf der organisatorischen Ebene.

Hausärzte können die Rechte der Patienten besser vertreten – gerade durch ihre Pluralität und Unabhängigkeit. Für ältere Menschen ist jede Neuorientierung schwierig und verwirrend, die Übersiedlung in ein Heim allemal. Würde hier noch gleichzeitig der Hausarzt genommen, verstärkte dies die Belastungen. Meist ist es ohnehin der klar geäußerte Wunsch, den bisherigen Hausarzt behalten zu wollen, der ein Stück „Heimat" bewahren hilft.

Wenn eine neue Sozialpolitik eine staatliche Aufgabe ist und wenn sie damit staatliche Gewalt ausübt, dann ist sie gemäß unserer Verfassung als Kardinalaufgabe der „*Würde des Menschen*" verpflichtet. Hier gewaltsam und experimentell eingreifen zu wollen,

126

verstößt gegen diesen humanen Anspruch des Fundaments unseres Gemeinwesens.

Um die Konstruktion dieser „neuen Sozialwelt" begreifen zu können, sei hier noch einmal Professor Lauterbach zitiert, der fortfährt: *„Während in den Edelpflegeheimen der Privilegierten genau wie in den Luxushotels jederzeit ein Hotelarzt zur Verfügung steht, ist die Versorgung der normalen Heimbewohner zu stark auf die Einkommenswünsche der niedergelassenen Ärzte und zu wenig auf die tatsächlichen gesundheitlichen Bedürfnisse der Patienten ausgerichtet. … Spezialisierte Hausärzte … sollten ganze Heime und Pflegedienste betreuen. Die Patienten dürfen nicht auf so viele Ärzte wie möglich verteilt werden"* (S. 171).

Warum werden wir hausärztliche Kollegen pauschal der überwiegend materiell ausgerichteten (Be-)Handlungsweise verdächtigt?

Die Bedeutung der Hausärzte für den Schutz ihrer Patienten

Genauso, wie das hier diskutierte Buch mit polemisierender Vehemenz gegen die Kassenärztlichen Vereinigungen zu Felde zieht und diese damit auch dem kritischsten Kassenarzt plötzlich sympathischer und unentbehrlicher scheinen läßt, läßt sich auch der Eifer gegen die Privatisierung der Pflege verstehen. So wie die Kassenärztlichen Vereinigungen plötzlich als Bollwerk gegen die Übergriffe eines externen Kontroll- und Steuerungssystems ohne jegliches Maß erscheinen, muß man in der Verunglimpfung einer möglichen Privatisierung des Pflegesystems Vorteile für die „Alten" und Pflegebedürftigen vermuten. Deshalb sollten gerade die Ärzte diesen Vorschlägen besonders gut zuhören.

Die Patienten und die Pflegebedürftigen vertrauen den Ärzten immer noch wesentlich mehr als den Politikern. Man hält sie für

glaubwürdiger und kompetenter. Daraus leitet sich eine Pflicht des Arztes ab, sich notfalls laut in die Gesundheits- und Sozialpolitik einzumischen.

Wenn also die Ärzte in das Sozialversicherungssystem und die geplanten Eingriffe einen vielleicht besseren Einblick haben als ihre Patienten, dann haben sie wohl auch die Verpflichtung, sie vor diesen unnötigen und inhumanen Umwälzungen schützen zu helfen. Der Staat sieht zu viel Regelungsbedarf, der den Betroffenen hier eher eine Verschlechterung bereiten würde. Den Müttern und Vätern unserer Verfassung wird vielmehr vor Augen geschwebt haben, genau eine solche Staatswirklichkeit zu verhindern. Wir sollten ihre Vision nicht verraten und sie nicht durch kurzfristiges und aktionistisches Umwandeln, besser: Umkrempeln, als offensichtlichem Selbstzweck opfern lassen.

Außer seitens der Politik und vielleicht der Krankenkassen sieht hier eigentlich niemand einen Handlungsbedarf: Nicht die Angehörigen der Heimbewohner, nicht die Heime und nicht die Ärzte. Schon gar nicht die Heimbewohner als die Betroffenen, die ja von der Vielzahl der das Heim frequentierenden Ärzte eine neutrale Außenperspektive erleben.

Die neue Welt wäre nicht wie sie ist, wenn nicht auch für die Heimbewohner ein neuer Zwang, den sie sicher bemerken und wohl meist ablehnen werden, gefordert würde: Aufhebung der freien Arztwahl für die Alten. Zwar wird es mit der *„Qualität"* und deren Verbesserung begründet, daß man *„auf Pflegebedürftige spezialisierte Heimärzte"* einsetzen will (S. 165). Diese würden dann die zentrale Forderung aus dem Abschnitt, der wieder eine Attacke auf die Hausärzte reitet, gewährleisten, daß sie vielleicht weniger Hausbesuche machen oder abrechnen oder, weil sie vielleicht selbst im Heim wohnen, erst gar nicht durchführen würden (sie suchten ja dann keine Patienten mehr außerhalb einer Praxis auf)? Eine scheinbare Geldersparnis mit der Folge einer erheblichen Beschneidung, weil man den Heimbewohnern „weniger Arzt" abverlangte.

Die Begründung für den obligatorischen Hausarztwechsel des alten Menschen, der dann bei seiner Heimeinweisung nicht nur die vertraute Umgebung, sondern den vielleicht seit Jahrzehnten vertrauten Arzt verlöre, ist aus fachnaher Sicht nicht zu halten. Und sie unterstellt „unnötige Medizin", sogar Betrug. *„So können in einem Altenheim bis zu fünfzig verschiedene Vertragsärzte tätig sein. Pflegeheime sind bei niedergelassenen Hausärzten besonders begehrt, weil sie hier oft verschiedene Patienten sehen und damit mehrere Hausbesuche abrechnen können, ohne jeweils eine neue Adresse anfahren zu müssen"* (S. 165).

Hausärzte hätten also kein erkennbares medizinisches Interesse an ihren Patienten im Pflegeheim, sondern seien nur auf die Abrechnungsfähigkeit von Hausbesuchen fixiert. Dies ist ehrenrührig gegenüber den Tausenden ärztlichen Kollegen, die diese oft nicht einfache Arbeit leisten und dem Patienten nicht nur ihren meist langjährig vertrauten Umgang erhalten, sondern oft auch den einzigen echten Außenkontakt geben.

Auch mehrere oder gar viele Hausbesuche in Heimen können an einem Tag nur einmal abgerechnet werden, jeder weitere Patient ist ein „Folgehausbesuch", für den ein Allgemeinarzt (bei einem Punktwert von 4 ct und 130 Punkten) dann 5,20 € erhält. Da uns Niedergelassenen durch einen Honorarverteilungsmaßstab (zur Honorarbegrenzung) bis zu 30 % der Abrechnungspunkte ohnehin gestrichen werden, bekommt der Arzt regelhaft sogar gar nichts für diesen Dienst.

Das heißt, er macht seine Visiten im Altersheim als selbstverständliche Pflicht, und die moderne Gesundheitspolitik sorgt

dafür, daß er sie unentgeltlich leistet. Sie unterläßt es aber nicht, ihn dabei noch der Gewinnsucht zu bezichtigen.

Da wirft ihm einer der Spitzenpolitiker dieses Landes dann vor, Abrechnungsfinesse zu betreiben. – Soviel zur materiellen Dimension der hausärztlichen Versorgung von Heim„insassen".

Von der Unvermeidbarkeit der Pflege-Dokumentation

Im Kapitel „*Dokumentationswahn und Übermedikalisierung*" heißt es: „*Die Pflege wird so intensiv dokumentiert, daß man meinen könnte, die Dokumentation sei wichtiger als die Pflege selbst*" (S. 162 f.). Das ist Hohn von der falschen Seite!

So lange, wie ein Heim bei Dokumentions-„Lücken" existenzbedrohende Sanktionen gewärtigen muß, ist der Aufwand für die Dokumentation faktisch tatsächlich wichtiger als die Pflege, weil überwiegend an den Papieren und nicht an den Menschen die negativen Kontrollergebnisse festgemacht werden. Im hier diskutierten Buch wird bezweifelt, daß irgend jemand dieses Dokumentationsverhalten verteidigt oder sich ein Erfinder finden würde.

Wer ständig etwas kontrollieren, messen und qualifizieren will, braucht Daten. Er erzwingt das inkriminierte, objektiv tatsächlich lächerliche Vorhalten von zwanzig verschieden gefärbten Dokumentationsbögen für jeden Patienten. Sobald man sich aufsichtsseitig nicht mehr dafür interessieren würde, würde der „Dokumentationswahn" sich selbst heilen.

Solange man aber Kontrollen in der angesprochenen Intention durchführt, sind sie Symptom einer kranken Zeit, die, obwohl sie sich zukunftsgestaltend dünkt, in Wirklichkeit überhaupt nicht zukunftsfähig ist und uns auch nicht zukunftsfähig macht.

Außenkontrolle durch die Hausärzte

Mehrere Hausärzte in einem Heim stellen eine erhebliche Quelle echter Qualitätssicherung dar. Der Hausarzt ist im Tagesablauf für die Betreuten und Gepflegten oft die einzige Kontaktperson, die nicht im Brot der Einrichtung steht.

Oft genug ist er dem konkreten Heimunterbringungsgrund eines Patienten, manchmal auch einer ganzen Einrichtung oder sogar der Institution „Altenheim" gegenüber skeptisch, kritisch oder gar ablehnend eingestellt.

Er wird also, ohne daß dies jemand von ihm fordert oder er dafür bezahlt wird, konstruktiv-kritisch die Heimpflege begleiten.

Dies würde aufgegeben, wenn eine einzelne Person (der „Heimarzt") die ärztliche Versorgung ALLER übernimmt. Aber ist dies vielleicht sogar gewollt?

Reformbedarf der Pflegeversicherung?

Den Grund, weswegen die Pflegeversicherung reformbedürftig sei, muß man nach dem oben Gesagten nicht teilen, und es bleibt der Eindruck einer pauschalen und recht zynischen Abrechnung: *„Insgesamt kann der Eindruck entstehen, daß die pflegebedürftigen Menschen von der Pharmaindustrie, den Ärzten und den teilweise profitorientierten Einrichtungen und Pflegediensten in der letzten Phase ihres Lebens quasi ausgenommen werden"* (S. 165). Dem entgegenwirken könne man durch Einbezug der Privatversicherten in die gesetzliche Kasse. Dabei werden sie in einem recht herrschaftlichen Ton getröstet: *„Wenn die privat Versicherten Angst vor dem Verlust der Rückstellungen aus der Vergangenheit haben, ... sollte ihnen das Geld beim Systemwechsel ausgezahlt werden"* (S. 166).

Es erscheint kurzsichtig, aktuelle Finanzierungslücken durch ein Umpflügen und Gleichschalten der bisher differenzierten Versicherungslandschaft erreichen zu wollen. Fundamental wäre damit nichts geändert, allenfalls ein Aufschub gewonnen.

Die Abrechnung mit den „Privilegierten"

Von den guten Absichten

Staatliche Steuerung ist genauso wie jedes andere Eingreifen von vielen Faktoren bestimmt, wie Intention des Eingreifers, seiner Wahrnehmung und Wahrnehmungsfähigkeit, den Kräften der Stützer und der Widersacher, Glück, Zeitgeist und Gespür „für den richtigen Zeitpunkt" und das „Machbare", und nicht zuletzt von eigenen Interessen und denen derer, die „hinter einem stehen". Man hat Vorgaben, Axiome, günstigstenfalls Visionen, manchmal auch „böse Absichten". Menschen, die aktiv werden, sind bewußt oder unbewußt ihren Wurzeln, dem Zeitgeist, ihrem bisherigen Weg, ihren Erfolgen, ihren Mißerfolgen und dem Rat von Freund und Feind verhaftet. Auch sie mögen „gute" oder „schlechte" Absichten (Gesinnungsethik) hegen und – verantwortungsethisch gesehen – Gutes oder Schlechtes bewirken. Goethes Mephisto beispielsweise wollte Böses und schuf auch Gutes.

Außerdem kann ein Mensch sich auch verrennen, das heißt, neudeutsch ausgedrückt, prozessual sich wandeln, übers Ziel hinausschießen, betriebsblind werden, kohlhaasiatisch sich schließlich selbst zuwiderhandeln.

Je offener er ist, in Art, Absicht und (Zwischen-)Ergebnisbeurteilung, je mehr andere Menschen – und nicht nur „Gesinnungsgenossen" – er in sein Streben einbezieht, desto weniger läuft er Gefahr, isolationistische Fehler zu begehen.

All dies gilt schon seit vielen tausend Jahren und hat sich weder durch Validisierung noch sonstige statistische Mathematik geändert, die sich darin im übrigen auch in Widerspruch zum modernen Netzwerkdenken stellt.

Im Gegensatz zur skizzierten Eingleisigkeit gibt es eine Politik, die versucht, die Bürger da abzuholen, wo sie sind, sich verständlich zu machen und im „kommunikativen Konsens" zu handeln. Eben anders als eine solche, die allein weiß, was richtig ist, und notfalls die Geführten gegen ihren Willen glücklich machen zu können glaubt. Politik kann dabei die wahren Absichten verschleiern oder offenlegen, lügen oder die Wahrheit sagen, nur von sich überzeugt sein oder das Recht des anderen auf eigene – von ihm abweichende – Meinung achten und ihn darin sogar schützen. Je mehr man allein kämpft, je mehr man „auf einmal" erledigen will, je umbrechender die eigene Absicht ist, und je mehr man sich in seine Sache verstrickt, desto eher kommt es zu Feindbildern, Denkschablonen und Schwarz-Weiß-Malerei.

Je skrupelhafter und je intellektueller, je philosophischer und je solidarischer ein Mensch, desto weniger wird er sein Gegenüber rubrizieren, klassifizieren oder gar abwerten. Selbst um den Preis einer (momentan) geringeren Wirksamkeit.

In einer differenzierten Denk- und Lebensart gibt es kaum weder „ganz böse" noch „ganz gut", weder „ganz falsch" noch „ganz richtig", weder „ganz veraltet" noch „nur zukunftssicher". Und für den in historischer Dimension Denkenden und Handelnden gibt es das alles in vielfacher Wiederholung und Ablösung – großartige Taten und Verbesserungen neben absolutem Blödsinn und Sackgassen.

Vom biologischen Fortbestand unserer Gesellschaft

Unsere Gesellschaft ist geschichtet, und wenn man glaubt, daß zum Gestalten und Verantworten auch eine handwerkliche und sogar intellektuelle Grundausstattung gehört, ist es nicht völlig falsch, Regenerations- und Entwicklungspotential auch in den „Kreisen" zu suchen, die schon in der Vergangenheit dieses geleistet haben. Das ist auch im Blick auf die Kräfteökonomie einer Gesellschaft sinnvoll. Daß eine solche Maxime niemanden ausschließen darf, sondern nur human ist, wenn sie auch offen ist, bedarf eigentlich keiner Erwähnung.

Wenn man davon ausgeht, daß Deutschland an Kindern arm ist, dann wäre ein Eingreifen des Staates richtigerweise darauf gerichtet, Mut und Perspektive zum Kinderhaben zu stützen. Wenn, wie eingangs gesagt, diese dann in einem höheren Anteil in „unproblematischen" Familien aufwachsen und dort vielleicht schon das Wissen um das Erhaltenswerte unseres Gemeinwesens, aber auch Werte vermittelt bekämen und positive elterliche Vorbilder erlebten, wäre das in den Augen vieler nicht der falscheste Weg.

Die allerdings heute schon durch ihren familiären Hintergrund benachteiligten Kinder so zu fördern, daß ihr Schicksal insgesamt nicht nachteilig ist, ist aller Ehren und Mühen wert. Dabei wäre es falsch, den „Problemschichten" unserer Gesellschaft nicht insgesamt aus dieser Problemzone helfen zu wollen. Die fortlaufende Bekämpfung von Nachteilen ist symptomatisch, ihre allmähliche Überwindung und letztlich Vermeidung dagegen kausal. Und in unserem Schulsystem beispielsweise wäre eine Nivellierung nach unten der falsche, die vermehrte Heranbildung von positiven Leistungsträgern aus allen „Schichten", die als Motoren für andere wirken können, der richtige Weg. Es gälte also, um es banal zu sagen, den Kindersegen auch dort zu fördern, wo von Anfang an die größeren Chancen auf jene positive Entwicklung bestehen. nämlich in den Schichten, die dem hier diskutierten Buch als „privilegierte" suspekt sind.

Dies allerdings sei aber der falsche Weg: *„Durch die Einführung des Elterngeldes verspricht sich ein Teil der Politiker mehr Kinder von Akademikerinnen und anderen gut ausgebildeten Frauen. Statt die Bildungschancen für die Kinder aus Problemfamilien zu verbessern, sollen die Geburten auf die Familien der Privilegierten verlagert werden, die ihrem Nachwuchs eine gute Bildung bieten können"* (S. 174). Bei allem Respekt vor dem Recht eines anderen Menschen auf seine Meinung: Es ist mit Sicherheit nicht die Folge des „Nachwuchses" bei den Familien, die ihren Kindern vielleicht mehr Rückhalt geben können, daß das Fortbestehen unseres Gemeinwesens als freiheitliche Gesellschaft gefährdet scheint.

Daß allen Kindern staatliche Fürsorge und vernünftige Entwicklungschancen geboten werden müssen, ist völlig unstrittig.

Aber eben allen Kindern, und bis zur Einschulung entsprechend den unterschiedlichen Lebensmodellen ihrer Familien so freiwillig und freiheitlich wie nur irgend möglich!

Wenig hilfreich ist dabei der Hinweis darauf, daß *„die privilegiertesten drei Prozent der deutschen Familien ... die Hälfte aller Doktoranden"* stellten (S. 178 f.). Wenn man die ziemlich triste Kindheit heute betrachtet, ist es überhaupt kein Wunder, wenn Kinder aus „stabilen" Familien die Schwierigkeiten, die ihnen die Erwachsenenwelt aufbürdet, besser meistern als solche, deren Eltern bereits am System verzweifelt oder gescheitert sind.

Im Gegensatz zur Unterstellung im hier diskutierten Buch können das die Familien und besonders die Eltern nicht, weil sie privilegiert wären, sondern weil sie die größere Leidensfähigkeit in unserem skurrilen System aufweisen!

Bei allen bisherigen Reformaktivitäten bezweifelt auch das hier diskutierte Buch ihren langfristigen Erfolg, treibt aber weiter an, um keine „*Reformpause*" eintreten zu lassen, weil der „*Zweiklassenstaat*" noch nicht überwunden sei. „*Für den Einzelnen bedeutet unser Sozialstaat immer häufiger ein unerfülltes Leben*" (S. 175). „*Chancenlos … [zu sein sei] zunehmend die Wirklichkeit für all jene Menschen, die ohne jedes Privileg in Deutschland geboren werden*" (S. 175 f.).

Die Suche nach einer Verbesserung der Bildungschancen ist ohne jeden Zweifel das richtige Ziel – der Weg über die Zwangsvorschule ist aber explizit nicht alternativlos.

Eine freiheitliche Gesellschaft darf zur „Rettung" familienloser Kinder nicht die Familien opfern, die ihre in unserer Gesellschaft inflationär wachsenden Aufgaben und Pflichten für und mit ihren Kindern schultern wollen.

Arbeitsplatzchancen geringer Gebildeter in Europa

Interessanterweise diskutiert das vorliegende Buch die hohe Arbeitslosigkeit „*der wenig Gebildeten*" nur aus deutscher Perspektive, nämlich, daß bei uns „*dreimal so viele Geringqualifizierte arbeitslos [seien] wie in Italien, Spanien oder England*" (S. 177). Eine Ursache dafür, daß es diesen Ländern gelingt, dreimal so viel Geringqualifizierte in Beschäftigung zu bekommen, sucht es nicht. Man könnte aber gedanklich genau dort ansetzen: Die Tatsache, daß bei uns „niedrige Arbeit" systematisch geächtet wird (auch im hier diskutierten Buch), kann hier ursächlich sein. Wenn man in anderen Ländern erlebt, mit welcher offensichtlichen Freude und auch dem befriedigenden Gefühl, seinen Unterhalt selbst zu verdienen, Handlanger, Tankwarte et cetera ihre Hilfsleistung anbieten, dann ahnt man den Unterschied zu uns. Selbst die von Deut-

136

schen oft als Vorbild erachteten USA kennen den schon sprich-
wörtlichen Mann an der Supermarktkasse, der die Ware einpackt
und zum Auto schafft, oder den, der das Auto zum Parkplatz
fährt und so weiter. Bei allem Respekt vor der Forderung, immer
höhere Qualifikationen für alle erreichen zu müssen: Solange es
keine „Qualifiziertenvollbeschäftigung" gibt, sollten wir zwar bezüglich der Volksbildung alle Anstrengungen unternehmen. Aber
zugleich böten sich mit Blick über unsere Landesgrenzen die bei
unseren europäischen Nachbarn auch heute schon beschrittenen
Lösungswege für die aktuellen Probleme. Es liefe auf eine bessere
Beschäftigtenquote auch im minderqualifizierten Bereich hinaus.

Das hier diskutierte Buch sieht in unserem Land weder eine Leistungsgesellschaft noch eine *„echte Leistungselite ... Deutschland ist
ein Land, in dem eine relativ satte und gleichzeitig verunsicherte
Klasse mit vererbten Privilegien die größte Angst vor der Leistungsgesellschaft hat"* (S. 179).

**Das ist der Tenor der neuen „Oberschicht": Sie hat das Mono-
pol, „Leistung" und „Leistungseliten" zu definieren, zu messen
und zu lizenzieren. Wer sich derart „herbeidefinierter" Lei-
stungsbegrifflichkeit nicht stellen will oder sie gar ablehnt, dem
wird attestiert, keine „Leistung" zu erbringen und keine „Leistungsbereitschaft" zu zeigen und somit zukunftsunfähig zu
sein.**

Von vornherein ist er suspekt, wenn er einer „privilegierten Familie", beispielsweise einem „Bildungshaushalt" entstammt. Dabei
wird „Angst vor der Leistungsgesellschaft" unterstellt, wo vielleicht nur die Ablehnung permanenter Kontrolle und die ständi-
ger externer Beurteilung der Leistungsfähigkeit gemeint ist, zumal
dieses neue System dem einzelnen seine Leistungsfähigkeit jederzeit absprechen kann.

Der Begriff „Angst" in diesem Zusammenhang ist wohl richtig, wobei man in der Psychologie zwischen derart negativen Emotionen vor konkreten Sachverhalten nur von einer „Furcht", aber bei diffuser Symptomatik oder „frei flottierend" von „Angst" spricht. Da aber die „neue Welt" so vielfältig in das Leben aller hineinsteuern und sie fortlaufend immer umfassender kontrollieren und korrigieren will, ist tatsächlich besser von einer „Angst" vor einem ganzen Komplex mehr oder weniger künstlich betriebener Veränderungen und Verunsicherungen zu sprechen.

Wer nur in solchen Kategorien „meßbarer" Leistungsfähigkeit denkt, kennt sicher auch nicht die „sozialen Kosten", die bezahlt werden müssen, wenn die Besten resignieren und Mittelmaß und Anpassertum obsiegen.

Das Junktim von „Privilegien" und Leistungsfeindlichkeit wird auch dem politischen Gegner unterstellt: *„Die FDP ... fällt als Motor für eine leistungsorientierte Gesellschaft komplett aus. Von allen Parteien Deutschlands ist sie am stärksten im Griff der Privilegierten und agiert oft nur als Sprachrohr der Verbände"* (S. 188). Das ist entweder Wahlkampfgetöse oder verläßt das Gefüge wechselseitigen demokratischen Respekts.

Das hier diskutierte Buch weist auf den Sprengstoff hin, den der heutige *„Zweiklassenstaat"* beinhalte. Gehört man zu den Perspektivlosen, *„kann man leicht verzweifeln und auf dumme oder gar radikale Gedanken kommen. ... Der ungebildete Arbeitslose fällt oft in ein tiefes Loch ... Die Privilegierten unterschätzen das zerstörerische Potential solcher Entwicklungen"* (S. 180). Wer also die Reformpolitik behindert, dem droht recht unverhohlen das Chaos. So prophezeit es die Politik dem Wähler. Es könnte aber auch anders kommen, wenn die Bürger sich nicht oder nicht ausschließlich auf das Szenarium einer schönen neuen Gleichmachereiwelt einließen. Was sie aber brauchten, wären ausreichend aussichtsreiche, kraftvolle Alternativen.

Wenn eine überwiegende Unzufriedenheit mit den politischen Bemühungen – offen gelassen den Grad der Nochübereinstimmung zwischen Regierten und Regierenden – und eine erhebliche Mangelsituation oder eine Bedrohung des inneren Friedens einträten, könnte dies aber realistischerweise zu einer weiter fortschreitenden Frustration und Resignation des Wählers führen. Blieben die Gemäßigten (aus beiden Schichten!) den Wahlen fern, stärkte dies die radikalen Flügel unseres Parteiensystems.

Und aus leidvoller Erfahrung unserer jüngeren Geschichte könnte es besonders das rechte Spektrum sein, das hier im Trüben fischte.

Dies wäre um ein Vielfaches für uns und möglicherweise die ganze Welt gefährlicher als gegebenenfalls schmerzliche Abstriche in einem Reformbemühen, das ohnehin die Mehrheit unseres Volkes in der vorgestellten Form und Ausschließlichkeit ablehnen dürfte. Oder, wie das hier diskutierte Buch über *„die politische Macht der Privilegierten"* meint, daß sie *„jetzt die Reformen blockieren und dies auch in Zukunft tun wollen"* (S. 185).

Entlarvend wird dies später noch ausgestaltet: *„Ein großer Teil der Politik kann durch kluge Moderation und die Auswahl der richtigen Alternative geleistet werden. Bei der Lösung der zentralen Probleme unseres Landes wird uns diese sanfte Gangart aber nicht weiterhelfen. Hier gilt es, das als richtig Erkannte gegen den Widerstand der Nutznießer des jetzigen Systems durchzusetzen"* (S. 189). Was dann ernstlich stören könnte, wäre ein Volk, das mehrheitlich seine Beglückung gar nicht will!

Nachbemerkungen

Worüber nichts geschrieben steht

Die Zwangsdigitalisierung medizinischer Daten

Schon mit der Einführung des elektronischen Diagnoseschlüssels vor einem halben Jahrzehnt, ohne dessen lückenlose Anwendung der Kassenarzt keine Leistung mehr abrechnen kann, festigte sich der Weg in die computerüberwachbare Gängelung der gesamten Kassenmedizin.

Dabei werden der Patient und sein Arzt der Autonomie über ihre gemeinsamen Daten beraubt.

Nicht mehr der Patient ist Inhaber seiner persönlichen Gesundheitsdaten, nicht mehr der Arzt verwaltet das, was seine Diagnostik und Therapie erbracht haben, sondern die Krankenkassen – oder besser: ein Großrechner – „besitzt" alle Daten aller.

Die informelle Selbstbestimmung wird ausgehebelt.

Über alle Ärzte hinweg wurde die Standardisierung der Abrechnungsunterlagen erzwungen, damit die Krankenkassen und die Kassenärztlichen Vereinigungen, in denen alle Kassenärzte Zwangsmitglieder sind, Vergleichs- und Disziplinierungsmechanismen installieren konnten.

Die angeblich durch die Standardisierung erreichbare Präzisierung medizinischer Sachverhalte war schon deshalb rein vorgeblich, weil der zugrundeliegende Diagnoseschlüssel – international genormt – beschreibend, nicht ursächlich begründend ist.

Zwar hatten die Kassenärzte kurzfristig Widerstand versucht und zahllose Beispiele für den Widersinn vieler Verschlüsselungen gesammelt, doch im Hetztempo staatlicher Erschwernisse ärztlichen Arbeitens (es werden ständig objektiv meist nicht begründbare „Reformen" von Abrechnungscodierungen, Gebührenordnungen, inhaltlichen Zuordnungen, Interpretationen von Abrechnungsinhalten, Chroniker- und Betreuungssachverhalten etc. geschaffen, die den von ihr Betroffenen keine Verschnaufpause oder gar die Chance auf einen geordneten Widerstand gönnen) war ein isoliertes Verharren und Durchkämpfen hier kräfteökonomisch sinnlos. Auch Resignation, die psychologische Kriegswaffe des Bürokraten, wirkte mit. Wo immer verrücktere Dinge angestellt werden, verlieren die kleineren Verrücktheiten rasch an Gewicht und Aufmerksamkeit. Man gewöhnt sich eben daran.

Dabei wäre schon diese Neuerung der vorgeblichen Standardisierung abrechenbarer Diagnosen aller Aufmerksamkeit wert gewesen. Die tägliche – im Idealfall sofortige – Eingabe der Diagnose, die beim konkreten Patienten-Arzt-Kontakt Grund der Behandlung ist, wird durch das Suchenmüssen in einem oft widersinnigen Katalog, der teils massive Lücken, teils völlig unsinnige Differenzierungen birgt, oft zur vielminütigen Fleißarbeit. Ketzerisch: Der bürokratische „Idealzustand", daß die Rubrizierung der Arbeit länger dauert als ihre Erbringung, läßt sich immer wieder erleben. Dazu kommt, daß demjenigen, der die Diagnose heraussuchen will, ständig vor Augen ist, daß dieser Suchdienst seiner Arbeit keinerlei Qualitätssteigerung bringt, er aber damit einem Steuerungsapparat Munition gegen sich selbst liefert.

Das hier diskutierte Buch subsumiert solche Frustrationstätigkeit als Qualitätskontrolle und Qualitätssteigerung, erwähnt aber deren hier beschriebene Wirklichkeit, die man als politisch Verantwortlicher persönlich vermutlich so gar nicht kennen wird und will, naturgemäß nicht. Dabei war diese Diagnosenverschlüsselung eine sehr gute Vorübung dessen, was als zukünftiger Daten-GAU auf die niedergelassene Medizin herunterbricht, wenn die von der Politik, den Krankenkassen und der EDV-Lobby (IT-Branche) massiv betriebene sogenannte „elektronische Gesundheitskarte" (eGK) verwirklicht werden sollte. Auch hierzu gibt das hier diskutierte Buch bezeichnenderweise keine Aufschlüsse.

Die E-Card wurde politisch auf den Weg gebracht als Sammelort aller behandlungsrelevanten Daten jedes Patienten. Dabei gehen noch heute die meisten Bürger und sehr viele ihrer Ärzte davon aus, daß die Karte selbst Träger der gespeicherten Informationen sei. Diese Vorstellung, die anfangs geschickt lanciert diskutiert wurde, ist längst überholt. Statt dessen stellt die Karte – zusammen mit einem elektronischen Arztausweis – den Zugangscode zu vernetzten Großrechnern dar, die „online", das heißt während des Behandlungskontaktes, für das ganze Bundesgebiet gleichzeitig abgefragt und mit neuen Daten aktualisiert werden.

Das heißt, in diesem Netz sind ständig weit über 100 000 Arztpraxen mit vielleicht durchschnittlich 20 und mehr Patienten „in Arbeit".

Neben der Datensicherheit, von der wir alle wissen, wie brüchig sie trotz gegenteiliger Beteuerungen von interessierter Seite ist, bedeutet dieser Große-Daten-Bruder auch eine weitere Erschwernis der täglichen Arbeit an und mit den Patienten. Wieder wird ein – zunehmender Teil – ärztlicher Aufmerksamkeit auf die Tükke des Objektes hin- und von der inhaltlichen Arbeit weggelenkt.

Es würde den Rahmen dieses Buches sprengen, die Geschichte dieses bislang massivsten Vorstoßes gegen die ärztliche Schweigepflicht und zum Öffnen des Geheimnisses eines ärztlichen Sprechzimmers hier wiederzugeben. Es bleibt aber anzumerken, daß sich hier – hoffentlich anhaltender und erfolgreicher – massi-

142

ver Widerstand in den Reihen der ärztlichen Basis regt. Es ist leider mehr als nur typisch für unsere Verbänderepublik, daß die formalen Berufsorganisationen hier weitgehend versagen oder zumindest anfänglich versagt haben. Dabei hätten die Patienten – sie zuallererst – und ihre Ärzte der Unterstützung bedurft, weil die Interessensträger für diese Vollelektronisierung des Patienten und seiner Daten ihre Strategie vollamtlich verfolgen können, während die behandelnden Ärzte in ihre normale tägliche ärztliche Arbeit voll eingebunden bleiben. Fast hat man den Eindruck, daß diese ständigen Auflagenverschärfungen und Bedingungsänderungen, die die Arbeit der Ärzte inhaltlich und zeitlich belasten, auch dazu dienen sollen, keine Kraft zum Aufbegehren mehr zu lassen. Auch hier hilft der Blick in die Geschichte und die Literatur. So schreibt schon 1948 George Orwell in seinem düsteren Zukunftsroman „1984":

„… es ist ein bleibendes Charakteristikum der Unteren, daß sie von der Plackerei zu ausgelaugt sind, um öfter als nur sporadisch etwas Interesse zu zeigen, das außerhalb ihres Alltagslebens liegt."

Mit anderen Worten: Wenn es einer Führungselite gelingt, in zeitlicher und inhaltlicher Hetze Neuerungen durchzuprügeln, hat sie weniger oder keinen Widerstand mehr zu erwarten. Zeit zum ruhigen Abwägen, zum Rückfragen bei den Betroffenen und damit eigentlich Kompetenten, zum ergebnisoffenen Ausprobieren, zur Rückmeldung et cetera würde die Umsetzung von Veränderungsphantasien nur verzögern und erschweren.

Diese Zeit, Dinge in Ruhe reifen zu lassen, zu verweigern, scheint nicht Zufall, sondern Methode.

Selbst das „Sachargument", daß die E-Card ja auch wichtige Notfallinformationen speichern solle, ist keines: Ein kreditkartengroßer Notfallausweis, auf dem diese Daten direkt lesbar aufgedruckt werden können, den der behandelnde Arzt erstellt und bei Bedarf aktualisiert, erfüllte diesen Zweck viel besser, weil er von jedem im Notfall Hinzugezogenen zeitverlustfrei eingesehen werden könnte und keines elektronischen Leseapparates bedürfte. Aber wahrscheinlich ist eine solche Lösung zu logisch und zu einfach zu verwirklichen, oder es ist nicht genug an ihr zu verdienen. Den „Lobbyisten" der Digitalisierung unserer Welt sei Dank, daß diese Idee, die im Notfall Leben retten kann, wahrscheinlich wirklich chancenlos bleibt!

Im Sinne einer massiven Vereinnahmung des Bürgers durch seinen Staat ist die Digitalisierung medizinischer Daten nur ein Teilaspekt. Die eigentliche Absicht ist die vollständige digitale Erfassung aller. Bezeichnend dafür ist eine erhebliche Unehrlichkeit über die wahren Absichten. Ständig werden dem protestierenden Bürger kleine Schritte abgetrotzt. So soll, um den Einstieg zu bahnen, aktuell zunächst der Zu- und Rückgriff auf Zentralrechner (online) nicht obligatorisch sein, aber die Technik dazu – und die spätere „Erweiterung" dahin – schon eingebaut werden.

Ein Beispiel, wie schleichend Grundrechte ausgehöhlt werden, ist der vor einem Jahrzehnt geschaffene staatliche Eingriff in das Bankgeheimnis, angeblich nur, um große Geldströme organisierter Kriminalität besser bekämpfen zu können. Inzwischen haben wir alle uns daran „gewöhnt", daß der Einblick in die Konten für die Steuerveranlagung als Regelanfrage möglich ist.

Gegen die Zwangsdigitalisierung des einzelnen regt sich an vielen Stellen zunehmender Widerstand. Ob er tatsächlich eine Chance gegen die exzellente Aufstellung der milliardenschweren IT-Branche hat, bleibt abzuwarten. Allerdings bildet sich allmählich ein neuer und guter Trend heraus:

Das Recht des einzelnen auf Anonymität.

Die Krankenkassengebühr

Ein Steuerungselement, das anfänglich ebenfalls nicht nur ärztlicherseits heftig diskutiert wurde und an das sich nach inzwischen gut vier Jahren immer noch nicht alle „gewöhnt" haben, ist die so falschbenannte Praxisgebühr. Sie wird zwangsweise durch die Arztpraxen eingezogen und abzugsfrei den Krankenkassen weitergeleitet. Sie ist das Paradebeispiel, wie wenig sich Verantwortliche um ihre eigenen Vorgaben kümmern und wie sehr sie auf das Vergessen angewiesen sind.

Die Krankenkassengebühr wurde durch die Politik und gegen massiven ärztlichen Widerstand als Instrument eingeführt, den Zugang zu Arztpraxen zu erschweren. Man versprach sich davon, Bagatell„fälle" von den Praxen fernzuhalten. In der Realität führt das Einziehenmüssen dieser Krankenkassengebühr aber zu beachtlichen Verbiegungen gerade im Umgang mit denjenigen Menschen, die sich durch sie nicht hatten abschrecken lassen, zum Arzt zu gehen, oder die von akuter Erkrankung zur Behandlung gezwungen sind.

Wie sich das konkret auswirken kann, sei kurz geschildert: Nach Behandlung eines Notfallpatienten mit einem schweren Krampfanfall am Markttag mitten auf dem belebten Marktplatz ist der Arzt – sinnvollerweise nach dem Abtransport des Patienten, aber immer noch unter den Augen einer großen Menge Schaulustiger – verpflichtet, der erschütterten und weinenden Ehefrau die 10 € für den Arztkontakt abzunehmen. Vollends zur Groteske artet die Szene aus, wenn dann der Arzt kein Geld zum Wechseln dabeihat. Dieses Einfordern der Krankenkassengebühr, zumal unter den geschilderten Begleitumständen, ist für die Ehefrau, aber auch den Arzt beschämend und würdelos.

Noch eine zweite Veranschaulichung:

Ein Herzinfarktpatient verstirbt trotz Reanimationsversuch nächtens in seiner Wohnung. Zu den besonders erhebenden Kassenarztpflichten gehört es heutzutage, dann die soeben zur Witwe gewordene Ehefrau um die Krankenkassengebühr bitten zu dürfen. Wir gehen einmal zugunsten unserer Politik davon aus, daß in ihrem Erfahrungshorizont eine solche Begebenheit nicht vorgesehen war. Für den Kassenarzt aber ist sie leidige Normalität. So setzt der Kassenarzt, ebenfalls unter dem Kränkenden der Handlung leidend, mit seiner zu diesem Zeitpunkt völlig deplazierten Geldforderung eine zweite Traumatisierung der Betroffenen. Er kann sie vor der Absurdität und Unmenschlichkeit dieses Systems nicht schützen!

Doch trotz solcher Erlebnisse und ihrer erheblichen materiellen Dimension (für viele Menschen sind auch heute noch 20 DM keine Kleinigkeit) hat die Krankenkassengebühr nicht einmal die Wunschvorstellung einer wesentlich reduzierten Patientenzahl verwirklicht. Mittlerweile sind die Patientenzahlen – über alle Praxen und Ärzte hinweg, also durchschnittlich – wieder etwa auf dem vorhergehenden Niveau angelangt, also hat selbst dieser eigentlich logische Begründungsansatz versagt. Da die für die Politik wichtigste Tugend des Bürgers und Wählers seine Vergeßlichkeit ist, mag man nach vier Jahren von einer gewissen Gewöhnung ausgehen. Wer erinnert sich denn heute noch daran, daß vor zwei Jahrzehnten die Eigenbeteiligungen bei Medikamenten (je nach Packungsgröße mit 1,– bis 3,– DM) mit der Begründung eingeführt wurden, um damit die Verordnungsmenge von Medikamenten eindämmen zu können? Dieses hatte zwar ebenfalls nicht funktioniert, doch inzwischen haben die Zuzahlungen trotzdem derartige Höhen erreicht, daß sie die Krankheitskosten vor allem der chronisch Kranken sehr empfindlich in die Höhe treiben.

146

Auch heute noch gibt es massive Diskussionen am Empfang einer Allgemeinpraxis an einem typischen Urlaubsort, wenn die Patienten diese „Wegelagererabgabe" erneut leisten müssen, obwohl sie sie natürlich bei ihrem Hausarzt schon entrichtet hatten. Sie belastet, medizinisch wie psychologisch, meist den ganzen Patienten-Arzt-Kontakt, vergiftet und verzögert die Behandlung und schmälert die Erfolgschancen. Und das alles, weil der Patient die ganze Unlogik und Ungerechtigkeit dieses typischen Produktes einer Steuerungsmentalität ausbaden muß.

Ihre eigentliche Mission hat diese Krankenkassengebühr aber zu keinem Zeitpunkt auch nur ansatzweise erfüllt, obwohl im Laufe ihrer kurzen Geschichte zahlreiche Verschlechterungen eingeführt wurden („eigene" Patienten zahlen bei einem Notdienstkontakt auch beim „eigenen" Hausarzt erneut, Überweisungen durch den Hausarzt sind bei Akuterkrankungen am Urlaubsort nicht mehr möglich, sondern man nötigt dann dort dem Patienten ein weiteres Mal diese Gebühr ab ...).

Wieviel Zeit und wieviel Nerven kostet es, im Notdienst einem Patienten zu erklären, daß er, selbst wenn er nachträglich einen Überweisungsschein vorlegen würde, erneut krankenkassengebührenpflichtig geworden ist? Die Arzthelferin wird da beschimpft, und auch der Kontakt mit dem Arzt steht unter dem schlechten Stern einer Ent-Täuschung. Selbst wenn die Patienten dem Gesagten glauben, ärgern sie sich und fühlen sich ausgenommen, oft aber glauben sie es einfach auch nicht und halten das Vorgehen entweder für Unfähigkeit oder Abzockerei. Vielleicht glauben sie nicht einmal, wenn man ihnen in der Praxis glaubhaft machen will, daß außer dem Streß seiner Eintreibung der Arzt nichts von dieser Gebühr hat.

Um einen Vergleich zu geben:

Einer Halloween-Nötigung an der Haustür genügt man ja auch, ohne sich mit dem Brauchtum identifizieren zu müssen. Eher bleibt ein fader Nachgeschmack. Einzig der Nutznießer verläßt den Vergleich: Der Kinderschar gehört die Beute, der niedergelassene Arzt reicht sie den Krankenkassen ungeschmälert weiter!

Der vornehmste Zweck der Krankenkassengebühr aber war die direkte Entlastung der Krankenkassen durch diese „Eigenbeteiligung" der Kranken. Mit ministeriellem Ehrenwort ausgestattet sollten die Krankenkassen so entlastet werden, daß sie ihre Beiträge senken könnten. Dies hat, wie man weiß, bis heute nicht funktioniert, obwohl in den inzwischen zurückliegenden reichlich vier Jahren weit mehr als 7 Milliarden Euro – oder mehr als 700 Millionen 10-Euro-Scheine – den Kranken abgenommen wurden. Logischerweise hätte man das Experiment „Krankenkassengebühr" schon längst zurücknehmen und die Gebühr wieder abschaffen müssen. Die Prämissen (oder Versprechen), unter denen man diesen massiven Eingriff in die Entscheidungsfacetten eines Arztbesuchs demokratisch legitimiert vorgenommen hatte, erwiesen sich ja objektiv alle als falsch.

Nähme man den Staatsbürger als Souverän der Macht auch nur halbwegs ernst, hätte man die Maßnahme tatsächlich schon längst wieder aufgegeben haben müssen. Ansonsten aber steht man im Ruch einer Unwahrheit: mit einer Vorgabe, die mit einem nicht gehaltenen Versprechen begründet wurde.

Nein, tatsächlich denkt niemand daran, die Krankenkassengebühr wieder abzuschaffen. Statt dessen wurde ein unerträglicher Apparat von Gutscheinsammeln als Krankenversichertenbeeinflussung geschaffen: Hausarztmodelle und Chronikerprogramme (genannt Disease-Management-Programme = DMP) werden dadurch attraktiv gemacht, daß Patienten nur einen Teil der oder

148

gar keine Krankenkassengebühr entrichten müssen, wenn sie sich eintragen und den oft bürokratielastigen, objektiv unsinnigen, teilweise sogar gegen aktuelle Behandlungsmaximen verstoßenden, datenrechtsproblematischen Regelungen – zusammen mit ihren Ärzten übrigens – unterwerfen.

Anfänglich war das materielle Hauptversprechen für die Patienten, denen die DMP schmackhaft gemacht werden sollten, tatsächlich die Einsparungsmöglichkeit der Praxisgebühr. Merke: Man erhebe eine – gemessen an den eigenen Versprechen und Vorgaben – unzulässig gewordene Gebühr, erlasse sie aber großzügig, wenn anderweitiges wünschenswertes Verhalten gezeigt würde. Mittlerweile hat man aber den materiellen Druck auf die Patienten, denen oft genug ihre Freiheit den Verzicht auf Krankenkassengebühr-Befreiung wert war, massiv erhöht (s. u.).

Dieser Wust von Programmen und Progrämmchen kann aber nicht darüber hintäuschen, daß er allenfalls geringgradig zur Kostenminderung und nichts zur Steigerung der Behandlungsqualität beiträgt. Auch nicht, daß er die nichteingehaltene Zusage, die mit der Krankenkassengebühr als Beitragssenkungsanlaß gekoppelt war, überleben und allmählich qua Gewöhnung vergessen lassen soll.

Die Chronikerprogramme

Die sogenannten Disease-Management-Programme sind hervorragende Einblicke – und Einübungsmöglichkeit – in die medizinische Wirklichkeit, wie sie auf uns zukäme, wenn moderne Vorstellungen vollends umgesetzt würden. Sie sind ein gigantischer Geldverteilungs- und -vernichtungsmechanismus. Ihre Grundidee findet sich ja auch im hier diskutierten Buch: Schwere und somit teure Erkrankungen sollen für die Krankenkassen leichter finanzierbar werden, indem dafür aus einem Ausgleichstopf der Krankenkassen („Risikostrukturausgleich") die betreffende Kasse Gelder bekommt. Zugleich sollen mit diesen Programmen Schulungen der Patienten mit dem Ziel vergütet werden, durch angestrebte Verhaltensänderungen zur Krankheitskostenminderung zu führen.

Dabei setzen dann typische Bürokratieanpassungsmechanismen ein: Die Krankenkassen und die Politik versuchen, möglichst viele Krankheitsbilder als DMP-fähig zu definieren und mit einem massiven Werbeaufwand den betreffenden Patienten schmackhaft zu machen.

Der Werbeaufwand ist logisch, weil die werbenden Krankenkassen ja ein Vielfaches an Geld aus dem Ausgleichstopf bekommen, wenn ein Patient sich einschreibt.

Dabei stand am Anfang die Fiktion weitestgehender Freiwilligkeit von Patient und Arzt.

Die vorgebliche Freiwilligkeit aber ist absurd: Je nach Krankenkasse wird teils unverhohlen zum Hausarztwechsel aufgefordert, wenn der bisherige Hausarzt sich verweigert.

Trotz vorgeblicher Freiwilligkeit führt die DMP-Realität den Arzt dann in ein Dilemma, wenn er konsequent die DMP-Scheinwelt nicht mitbedient und sich ihr verweigert. Der Druck der Krankenkassen auf ihre Patienten in diese Programme ist mittlerweile immens. Beispiel: Chronisch Kranke sind dann von den Medikamentenzuzahlungen und den Krankenkassengebühren zu befreien, wenn diese Zusatzbelastungen 1 % ihres Einkommens überschritten haben. Dies wird bei den Rentnern, die ja sehr oft chronisch krank sind und ohnedies wenig Geld zur Verfügung haben (die Durchschnittsrente in diesem Land liegt ja unter der Armutsgrenze!), fast regelhaft erreicht.

Jetzt bereits beginnen manche Krankenkassen, diese Freistellung bindend an die vorgeblich freiwillige Teilnahme an DMP zu koppeln, obwohl das derzeit noch rechtswidrig ist. Sie verknüpfen dabei die inzwischen ebenfalls vorgeschriebene Auflage zu „therapiegerechtem Verhalten" obligatorisch an die DMP-Teilnahme, obwohl seitens des Patienten wie des Arztes dies (mindestens genauso gut!) auch außerhalb dieser Regelungs- und Geldverschiebungsmechanismen möglich ist. In jedem Fall verträgt sich das mit einer fiktiven Freiwilligkeit nicht, sondern grenzt objektiv an Nötigung, subjektiv gar an Erpressung.

Wenn nun der Hausarzt aus, wie gesagt, sehr guten Gründen die DMP nicht mitmacht, wird der Patient gezwungen, sich zwischen (unrechtmäßig hohen) finanziellen Nachteilen und einem erzwungenen Hausarztwechsel zu einem „DMP-Arzt" zu entscheiden. Dabei schicken die Krankenkassen mit ihren recht ultimativen „Einladungsschreiben" nicht selten gleich unaufgefordert eine Liste aller ärztlichen DMP-Teilnehmer mit. (Sie genügten so nur ihrer Informationspflicht.)

Damit ist völlig klar: Nichtteilnahme des Arztes bedeutet nicht nur den Verzicht auf seine Honorare für die DMP-Leistungen, sondern auch massive Abwerbeversuche seitens der Krankenkassen. Er wird viele Patienten verlieren. Er wird damit wirtschaftlich und in seiner Reputation geschädigt, selbst wenn die Behandlung genauso nach den gleichen wissenschaftlichen Grundlagen erfolgt wie die, die gemäß den Programmen betrieben wird.

Medizinisch hat der Patient dann sogar noch Vorteile: Die Beschränkung der Medikamentenwahl, die Patienten in den Programmen hinnehmen müssen, entfällt, ebenso wie die vertrauensbelastende Weitergabe sensibler Daten.

Das Absurde bei diesem System, unmittelbar eher mehr als weniger Druck auf die Patienten und damit mittelbar auf ihre Ärzte auszuüben, ist, daß auch hier eine Zweiklassigkeit auftritt: Das Druckmittel der verweigerten Freistellung vom zweiten Prozent des Einkommens trifft nur die Ärmeren und nicht die, die kraft höheren Einkommens relativ nicht so stark belastet werden, daß für sie die sogenannte 1%-Regelung griffe.

Verfügt jemand über so viel Einkommen, daß er mit allen Zuzahlungen (wie gesagt, das sind bei chronisch Kranken ohne weiteres dreistellige Eurobeträge in jedem Jahr!) weniger als 1 Prozent seines Einkommens verbraucht, brächte ihm eine Freistellung nichts. Ihm kann also dieses neue Druckmittel der Krankenkassen, das von der Politik bewußt installiert wurde, nichts anhaben.

Ärzte, die den DMP-„Verlockungen" widerstehen (und deshalb trotzdem gleich qualifiziert sind und die gleiche Arbeit leisten!), finden auch kaum Rückhalt in ihren Kassenärztlichen Vereinigungen, weil diese die Sorgen der Krankenkassen ums Geld aus diesen Töpfen teilen. Das Totschlag-Argument: Wenn Patienten nicht eingeschrieben sind, fließt das Geld aus dem Risikostrukturausgleich am eigenen Land vorbei in die anderen Bundesländer mit höherer Einschreibequote.

Die Geldflüsse und nicht die Behandlungsqualität sind hier begründend!

Typischerweise aber wird genau dieser Sachverhalt, nämlich daß mit den Programmen die Krankenkassen viel Geld **bekommen**, den Patienten gegenüber verschwiegen. In den Vordergrund wird viel eher der Aufwand, den die Krankenkassen zu betreiben gewillt seien, dargestellt. Die wirkliche Summe aber ist so geheim, daß Spekulationen und Dementis Tür und Tor geöffnet sind.

Es ist aber wohl nicht falsch, wenn man als Transfer-Summe pro Patient und Jahr 4 000 € veranschlagt.

152

Dafür kann die Krankenkasse sich dann finanzieren. Ihr Verwaltungsaufwand für die Programme (einschließlich der immensen Papier- und Portokosten) ist nicht eruierbar und wird ebenfalls nicht – oder nur verschleiernd – veröffentlicht. Patient und Arzt aber erhalten nur „Peanuts" in zweistelligem Eurobereich pro Jahr – und das wird ihnen auch noch in den buntesten Farben vorgemalt.

Wissenschaftlich auswertbare, unabhängige „belastbare" Daten, die eine – vor allem in Relation zum betriebenen zeitlichen und finanziellen Aufwand – behandlungs- und prognosenrelevante Verbesserung BEWIESEN (außer der oft zitierten höheren Patientenzufriedenheit), gibt es bislang nicht, wohl aber Mutmaßungen von interessierter Seite, den „Lobbyisten" dieser „Überwachungsmedizin".

Eine Besserbehandlung, für die ein Mehraufwand von wie gesagt vermutlich 4 000 € pro Patient und Jahr betrieben wird, kann es auch gar nicht geben. Sie wird im Kleingedruckten des Einschreibungsformulars direkt ausgeschlossen: Schließlich unterschreibt der Patient in seiner Teilnahmeerklärung den bezeichnenden Satz: „Bei Nichtteilnahme oder Kündigung werde ich genauso gut betreut wie bisher".

Dieser Satz widerspricht zwar dem Inhalt der Werbebroschüren und den Einlassungen interessierter Kreise. Wenn man etwas mit gleichem Ergebnis auch unterlassen kann, dann ist es logischerweise eben unwirksam. Wenn man die Patienten aber bewußt den zitierten Satz unterschreiben läßt, kann dieser nur als Eingeständnis der Überflüssigkeit des gesamten DMP-Unsinns verstanden werden. Wenn der Satz aber nicht stimmte – also die Behandlung nach den Programmen eine „bessere Betreuung" nach sich zöge – wäre es widersinnig und zynisch, ihn im Vertragswerk zu führen.

Das Gesetz fordert von Patienten „therapiegerechtes Verhalten" und eine Mitwirkungspflicht. Die Krankenkassen sehen dies bei chronisch Kranken zunehmend nur mit dem Einschreiben in die DMP gewährleistet. Dies folgt auch dem Geist des hier diskutierten Buches. Man könnte aber – darin sind die kritischen Ärzte natürlich ihrerseits Partei – zulassen, daß die behandelnden Ärzte dieses Mitwirken ihrer Patienten auch außerhalb der DMP bescheinigen, und dies eben nicht die Krankenkasse selbst einseitig festlegen kann und an die DMP-Teilnahme koppelt. Gleiches Recht dann, wenn tatsächlich gleiche Augenhöhe besteht. Das Recht der Festlegung, ob ein Patient seiner Mitwirkungspflicht bei seiner Behandlung genügt oder nicht, kann „natürlich" mindestens ebenso gut beim behandelnden Arzt – der ja mit seinen Patienten lebt – wie bei den Krankenkassen liegen.

Auf meine Anregung prüft die Ärztegenossenschaft Schleswig-Holstein eG derzeit, ob sie nicht hierüber Regelungen und Einigungen erreichen kann. Man darf gespannt sein, ob hier das subjektive Interpretationsmonopol der Krankenkassen durchbrochen werden kann.

Das Geld sollte sinnvoller in echte Präventionsmaßnahmen zur Vermeidung dieser chronischen Krankheiten fließen, um beispielsweise gezielte Sport- und Ernährungsprogramme für Schulkinder zu finanzieren. Für die Ausbreitung des Diabetes mellitus etwa ist nämlich der steigende Anteil übergewichtiger Kinder mitverantwortlich.

Die geplante Abschaffung der freien Arztwahl

Wie an den DMP zu ahnen ist, ist ein Hauptvorstoß der heutigen Gesundheitspolitik die faktische Abschaffung der freien Arztwahl. Die Teilnahme an den Programmen ist vorgeblich für Patient und Arzt freiwillig, aber spätestens dann, wenn der Patient dem Druck seiner Kasse zur Teilnahme nachgegeben hat, sein (bisheriger) Arzt aber nicht, trennen sich ihre Wege.

Ganz offensichtlich hat die positive Verstärkung („bessere Behandlung", „modernere Strategie" et cetera plus finanzielle Vorteile etwa in Höhe der Krankenkassengebühr) nicht ausgereicht, langjährige Bindungen an die Hausärzte zerschneiden zu können oder, allgemeiner, die Patienten in der Wahl des Arztes ihres Vertrauens einzuschränken.

Auch der Arzt verlor „nur" sein DMP-Honorar. Nun ist es so, daß über das Junktim Mitwirkungspflicht = DMP-Teilnahme für die meisten Patienten ein massiver Druck entstanden ist. Für die Patienten nämlich, bei denen die teils abnormen Zuzahlungen mehr als 1 % ihres verfügbaren Einkommens verschlingen. Dadurch, daß ein Patient jetzt aus Gründen, die man als Hausarzt sehr gut verstehen kann, diesen in Richtung teilnahmewilliger Kollegen verläßt, bedeutet dies den Verlust eines Patienten, ohne daß dies im Binnenverhältnis Patient–Arzt eine Ursache gehabt hätte.

Jetzt schon bestehende Sonderverträge wie Hausarztmodelle, mehr aber noch die in Zukunft massiv zunehmen werdenden Einzelverträge zwischen Ärzten/Arztgruppierungen und den kostentragenden Krankenkassen werden dazu führen, daß Patienten sich Ärzte nicht mehr nach qualitativen Kriterien oder Sympathie aussuchen können, sondern ihnen die Krankenkasse eine mehr oder minder beschränkte Liste der Möglichen geben wird. Durch Änderungen der Vertragsverhältnisse seitens der Krankenkassen und/oder Ärzte (Vertragsteilnehmer scheiden aus, der Patient muß neu suchen) werden diese Wahlmöglichkeiten zusätzlich beeinflußt. Es wird normal sein, daß der bisherige und vielleicht langjährige Hausarzt plötzlich nicht mehr aufgesucht werden darf. Gestalter einer solchen Politik und gutverdienende Funktionäre auf allen Seiten – die neue Oberschicht eben – kennen wohl nicht das Besondere und Schützenswerte des früher oft über Generationen Gemeinsamen zwischen den Patienten und „ihren" Ärzten.

Selbst diese Sichtweise ist nach dem Willen der Gestalter ein Auslaufmodell. So geht man ja weiter davon aus, daß der Patient, der einen Arzt aufsucht, schon vorher weiß oder wissen kann, wer ihm gegenübertritt. Er hat den berechtigten Anspruch, auf einen bestimmten Menschen zu treffen. Die neue Welt, in der profitorientierte Medizinkonzerne und Krankenkassen das Angebot in der ambulanten Arztwelt bestimmen wollen, sieht – übrigens auch ein spätes Erbe der DDR mit ihren Ambulatorien – sogenannte Medizinische Versorgungszentren (neudeutsch: MVZ) vor, in denen verschiedene Ärzte in weitgehend anonymisierter Weise Krankheiten diagnostizieren und Therapien durchführen. Die Eingriffe durch die Politik, aber auch das Anpassungsverhalten vieler Ärzte an die sich ändernden Bedingungen, haben ja schon längst diesen Weg beschreiten lassen. Allerdings sind es bisher überwiegend wirtschaftlich autonome und weisungsungebunden selbständige Ärzte, die sich zusammenschließen, während es zukünftig vermehrt oder ausschließlich lohn- und auch sonst abhängige Mediziner sein werden, die der Kranke oft auch über weitere Entfernungen aufzusuchen gezwungen wird.

Die Zerschlagung der niedergelassenen Medizin – zu der auch das Eifern gegen die niedergelassenen Fachärzte gehört –, die Abschaffung des freien Arzttums sind direkte politische Ziele der heute verantwortlich Agierenden und nicht Kollateralschäden, wie allenthalben zu hören ist.

Problematisch ist es dann erst recht, wenn politische Akteure, die solchen Medizin-Konzernen angehören, die zukünftig die MVZ installieren wollen und werden, ihnen heute den Weg bahnen.

156

Hier bilden die Sorgen um die zukünftige Versorgungssicherheit der Patienten in diesem Land und mögliche wirtschaftliche Interessen ein Motivgemisch, das nur schwer zu durchschauen ist.

Versteht man aber seinen Arztberuf, der ja viel mehr erfordert als nur die mechanische Vorbeugung oder Behandlung von Krankheiten, als eine Begegnung zweier Menschen, wenn der Patient seinen Arzt aufsucht und seine individuellen Erwartungen und Hoffnungen mitbringt, ist die neue Welt des diskutierten Buches kalt und nach überliefertem Verständnis inhuman.

Ob die heutige Gesundheitspolitik in diesen wesentlichen Ambitionen noch zu stoppen ist, weiß niemand. Sehr viele Patienten und sehr viele Ärzte, die hier wachen Auges und offenen Herzens waren, haben leider schon resigniert und begonnen, sich einzurichten. Diejenigen aber, die auch in geschichtlicher Dimension wissen, was auf dem Spiel steht, und diese neue Welt, weil eigentlich nicht lebenswert, verhindern wollen, stehen unter massivem Druck: zeitlich, wirtschaftlich, aber auch durch den vorgeblichen oder vielleicht schon tatsächlichen Zeitgeist.

Widerstand ist aus der Sicht der Gegner alternativlos und damit ebenso zwangsläufig, wie die bisherige und zukünftig beabsichtigte Entwicklung aus der Sicht von deren Befürwortern.

Wenn Politik Gestalten mit dem Ziel von Verbesserungen ist, dann muß sich die heutige Gesundheitspolitik fundamental ändern, sonst ist sie nur Liquidator einer guten, zumindest aber deutlich besseren alten Zeit.

Viele Probleme, die man im hier Diskutierten lösen zu müssen glaubt und zu können vorgibt, sind nicht einfach nur technisch-mathematisch bedingt und rein mechanisch anzugehen – mit einem reichlich linksromantischen Überbau –, sondern sie sind Zeichen eines inneren Verfalls.

Sogenannte Reformen, die nicht beim Menschen ansetzen, sondern ihn in Sozial- und Wirtschaftsproblemfälle aufteilen und diese dann technisch angehen, sind keine und werden Episode bleiben.

Man kann Erfolg oder Nichterfolg eines Anpassungsprozesses an die zu erwartenden Anforderungen der Zukunft auch daran messen, ob der kranke Mensch weiterhin in seinen Ärzten eine Heimat finden kann oder nicht. Der technokratische und zudem von einem wahnhaften Kontrollapparat eng gesteuerte Mediziner jedenfalls ist nicht zukunftsfähig. Er wird die Anforderungen der Zukunft ebenso wenig verstehen und lösen wie diejenigen, die ihm heute den Weg dorthin zu bereiten versuchen.

Wofür der niedergelassene Arzt haftet

Zu den Irritationen, die in einem ärztlichen Sprechzimmer fast regelhaft entstehen, gehören „Verweigerungen", wenn es um Medikamentenverordnungen, Wünsche nach bestimmten Laborwerten und anderes geht. Warum?

Der Arzt bekommt nicht nur ein Honorar, sondern hat auch für jeden Patienten bestimmte „Budgets", auf deren Einhaltung er unbedingt achten muß, weil ihm sonst Regreßmaßnahmen drohen.

Der Kassenarzt ist ungefragt eine Schaltstelle bei den Krankheitskosten. Obwohl er in seinen Sachzwängen (umsichtige und sichere Diagnostik, qualitativ hochstehende Therapie, Einhaltung des aktuellen wissenschaftlichen Standes) eingeklemmt ist, benutzt ihn das System als Hebel, Kosten zu vermeiden. Dies geschieht durch den Griff an seinen Geldbeutel, im Extremfall sogar an seine Zulassung.

Das heißt, wenn er einen festgelegten Rahmen überschreitet oder im Vergleich zu seinen Kollegen „über dem Schnitt" liegt, muß er selbst bezahlen. Die Summen sind oft sehr hoch und schnell existenzgefährdend. Von diesem Damoklesschwert „seines Arztes" ahnt der Patient oft überhaupt nichts. Im hier diskutierten Buch ist darüber bezeichnenderweise auch nichts dazu angemerkt.

Scheinbar am einfachsten sind die Regelungen für das ärztliche Honorar. Ein Patient „bringt" eine bestimmte Punktzahl „mit", die der Arzt für seine Leistungen, die nach Punkten bewertet sind, maximal bekommen kann. Sie sind unterschiedlich für Rentner, Versicherte und Familienmitglieder. Diese Punktobergrenze multipliziert mit der jeweiligen Anzahl der Patienten in diesen drei Gruppen ergibt eine Punkthöchstzahl, die der Kassenarzt „ausschöpfen" darf. Da für die gesamte Behandlung nur ein bestimmtes Gesamthonorar (in Euro, nicht in Punkten) aller Ärzte in einem Zeitabschnitt, das zwischen den Funktionären der Krankenkassen und der Kassenärzten ausgehandelt wird, zur Verfügung steht, bestünde sonst die Gefahr, daß einzelne Ärzte zuviel aus dem Gesamttopf bekommen. Dies dadurch, daß sie wesentlich mehr Leistungen als die Kollegen erbrächten. Deshalb wird die „erlaubte" Gesamtpunktzahl gekappt.

Innerhalb der „anerkannten" Punkte bestimmt sich der Preis ärztlicher Leistung, indem das Gesamthonorar aller Ärzte durch die insgesamt erbrachten Leistungspunkte aller Ärzte geteilt wird. Der Punktwert kann also auch trotz der oben angesprochenen Kappung „floaten", je nach Menge der „anerkannten" Punkte, insbesondere, ob alle Ärzte ihre erlaubten Punktzahlen auch erreicht haben oder nicht. Eventuell mehr geleistete Punkte des einzelnen – das ist übrigens der Regelfall! – wurden zuvor ja einfach weggekürzt.

Das Honorar der Kassenärzte ist in vielfacher Weise beschränkt und wird erheblich statistisch beeinflußt. Seine tatsächliche Höhe ist dem abrechnenden Arzt immer erst im nachhinein bekannt, nämlich bei der Quartalshonorierung, durchschnittlich fünf Monate nach Erbringung der Leistung. Einzig die ihm zur Verfügung stehende „Punktzahl" und deren „Verbrauch" kennt er. Hat er „seine" Punktzahl überschritten (meist in der ersten Hälfte des dritten Quartalsmonats), bekommt er für seine gesamte Arbeit – und die Unkosten seiner Praxis einschließlich Personalkosten, die ja weitergehen – keinerlei weitere Vergütung.

Das Honorar des Kassenarztes ist in mehrfacher Weise beschränkt. Um die Vergütung für die einzelne Leistung zu stabilisieren, wird alles gekürzt, was über einen festgelegten durchschnittlichen Rahmen hinausgeht. Die Mehrheit der Kassenärzte ist von diesen Kürzungen konkret betroffen.

Schon seit etwa einem Jahrzehnt fordern interessierte Kreise – und der formale Rahmen sieht es auch schon vor –, daß Patienten „Quittungen" von den Abrechnungen ihrer Ärzte erhalten können. Doch was fingen sie mit Punktzahlen an, wenn deren Wert erst Monate später feststeht? Und wie sollen die Leistungen deklariert werden, die dem Arzt völlig weggekürzt werden?

Soviel zum Budget „Honorar". Bei allen anderen Budgets gibt es nur für die Laborkosten einen ähnlichen Mechanismus. Der Kassenarzt verdient zwar an keinem einzigen Laborwert etwas (die Erstattung seiner angeforderten Laborwerte erfolgt 1:1), aber wenn er sein Punktekonto überschritten hat, zahlt er alle darüber liegenden Laborleistungen selbst. Er bekommt also monatlich die Abrechnung und Abbuchung für „seine" Laborleistungen, bekommt die Kosten aber von der Kassenärztlichen Vereinigung nicht erstattet, wenn er die pro Patient feststehende Punktzahl (also die Gesamtlaborpunktzahl aller Patienten) überschreitet.

In den letzten Wochen eines Quartals arbeitet der Kassenarzt zwar nicht vergeblich, aber umsonst!

Während hier die Beschränkungen noch handhabbar sind – es ist ärgerlich, ohne Vergütung zu arbeiten, bedroht aber nicht die materielle Existenz – sind andere Beschränkungen für ihn gefährlicher.

So gibt es die **Heilmittelverordnung**, nach der sehr kompliziert – eben typisch bürokratisch – Massagen und Krankengymnastik etc. verordnet werden dürfen. Die Auswahl, Anzahl und Frequenz sind diagnosenbezogen vorgegeben. Dieses ist eigentlich ein Positivkatalog. Das heißt, daß wenn nach den erstellten Diagnosen der Rahmen der Heilmittelverordnung nicht überschritten wird, diese Verordnungen bis vor wenigen Jahren noch automatisch als „wirtschaftlich" galten und dem einzelnen Kassenarzt keine zusätzliche Beschränkung auferlegt wurde. Da aber unter einem solchen Rahmen die Gesamtkosten stiegen, wurden später, vor zwei Jahren, plötzlich zusätzlich auch individuelle Arztbudgets eingeführt. Liegt jetzt der Kassenarzt über einem bestimmten Durchschnittsverordnungswert, gerät er mit seinen Verordnungen in einen Regreß und muß zahlen, obwohl er nur seine „Rechte und Pflichten" gemäß der Heilmittelverordnung, die selbst nicht geändert wurde, erfüllt haben mag. Das ist in einem uns bekannten Fall in einem Jahr für die Praxis eines befreundeten Orthopäden ein sechsstelliger Betrag gewesen. Eine solche Forderung, die über dem gesamten Gewinn einer solchen Praxis liegt, ist wirtschaftlich nicht zu überleben.

Eine weitere Spezifität ist, daß Verordnungen „außerhalb" des Regelfalls den Krankenkassen zur Genehmigung vorgelegt werden müssen. Trotzdem bleibt das Budget bestehen, das heißt, der Kassenarzt geht auch mit solchen vom Kostenträger genehmigten Verordnungen in den Regreß. Daß übrigens bestimmte Kassen „großzügig" auf diese Prüfung „verzichten" und diese Großzügigkeit dem Patienten auch mitteilen, ändert nichts daran, daß auch für diese Rezepte voll gehaftet wird.

Pikant ist dann auch die nahezu regelhafte Auskunft von Krankenkassenmitarbeitern, daß der Arzt „alles Notwendige verordnen könne, ja müsse, und die Krankenkasse auch alles bezahle", wenn ein Patient eine abschlägige Entscheidung seines Arztes nicht akzeptieren will.

Das den kassenärztlichen Alltag am meisten bestimmende Budget ist das Medikamentenbudget. Es ist auch das, das in der Patienten-Arzt-Beziehung den größten Schaden anrichtet, weil hier seitens der Patienten Mißtrauen und das Gefühl, belogen und/oder benachteiligt zu werden, am ausgeprägtesten sind.

Da haben sich im Laufe der Jahre verschiedenste Mechanismen eingeschlichen, deren Zweck die Kostendämpfung ist. Das beginnt mit den noch maßvollen Zuzahlungen der 80er Jahre und endet mit den Disease-Management-Programmen (DMP), bei denen etliche sogenannte innovative Medikamente schlicht ausgeschlossen werden. Letzteres gilt für schon bestehende DMP, wird aber sicher auch für alle weiteren gelten.

Gegenwärtig ist am augenfälligsten die Festpreisregelung, bei der der Teil der Medikamentenpreise, den die Krankenkasse vergütet, begrenzt ist. Den den Festpreis übersteigenden Betrag trägt der Patient. Durch Rabattverträge der Krankenkassen mit einzelnen Pharmafirmen (sogenannte Generika-, also Nachbauten-Hersteller) werden selbst die in den offiziellen Listen genannten Preise unterboten. Diese Preise, ständig sich ändernd und Ergebnis von „Ausschreibungen", sind so geheim, daß selbst die Pharmareferenten („Vertreter" der jeweiligen Firma) diese nicht kennen! Die Patienten sind, werden die Medikamente aus diesen Vertragslisten verordnet, dann in der Regel von jeglicher Zuzahlung befreit. Ansonsten trägt der Patient, der nicht aufgrund geringen Einkommens davon befreit ist, Zuzahlungen in Höhe von 5 € und mehr je Packung.

162

Schon durch die Festpreis-, erst recht aber durch die Rabattrege-
lung wird angestrebt, daß die Apotheken von sich aus das preis-
günstigste Präparat abgeben (das, wie gesagt, von Krankenkasse
zu Krankenkasse, aber auch von Vertragszeitraum zu Vertragszeitraum unterschiedlich sein kann), und zwar unabhängig von der
Marke des Präparates, das der Arzt auf das Rezept geschrieben
hat.

Das ist problematisch. Zwar sind die Wirk-, aber nicht die Be-
gleitstoffe identisch, so daß Verträglichkeit und Allergiegefahr,
aber auch die biologische Wirksamkeit unterschiedlich sein können. Während früher hier strikt der Arzt entschied – und der
Apotheker keinen Gestaltungsspielraum hatte – bestimmen jetzt
Rabattverträge, Preise und Zufälligkeiten das konkrete Präparat.

Es wäre hinnehmbar, wenn die Gesellschaft solche „Unsicherhei-
ten" wünschte beziehungsweise um der Kosten willen in Kauf
nähme, doch wäre als mindestes hier eine klare Information den
Patienten gegenüber zwingend.

**Statt dessen wabert viel Nebel über dem Thema, und so richtig
zu sagen traut sich keiner, welche Probleme damit verbunden
sind. Man hat den Eindruck, daß vielen Verantwortlichen das
ganze Tohuwabohu recht peinlich ist.**

Obwohl er kaum Einfluß nehmen kann, bleibt die Verantwortung für Wirkstoff, Dosis, Verträglichkeit und so weiter beim
Arzt. Wer sollte die Verantwortung denn sonst übernehmen? Dieser Zustand ist nur sehr schwer erträglich. Der inzwischen regelhaft ständige Wechsel des Präparates und damit auch der Verpak-
kungs- und Tablettenfarbe und -form bergen neben den pharma-
kologischen Unwägbarkeiten schlichtweg auch Verwechslungsge-
fahren. Vor allem bei den Menschen, die diese Variabilität nicht
durchschauen (und das sind keinesfalls nur die Älteren!), kann es

zu Doppeleinnahmen von alt und neu kommen, Verwechslungen unterschiedlicher Medikamente eingeschlossen.

Wehrt sich nun ein Patient – berechtigt – dagegen, macht ihn die Apotheke richtigerweise darauf aufmerksam, daß der Arzt diesen Wechsel verhindern kann, indem er ein Verbot dieses „Substitution" genannten Wechsels auf dem Rezept ankreuzt. Jetzt bleibt es beim bisherigen Präparat, dessen Preis wie angesprochen ja floatet, aber das Medikamentenbudget wird stärker belastet. Mit anderen Worten:

Der Arzt haftet bei den kostenbedingten Wechseln zwischen verschiedenen Präparaten für etwaige negative Folgen bei Wirkung und Verträglichkeit, und wenn er diese Wechsel verhindert, für die möglicherweise höheren Preise. Dies ist absurd!

Die denkbaren Eingriffsmöglichkeiten von außen in kassenärztliche Entscheidungen sind damit noch längst nicht erschöpft. So kann man vermuten, daß eines Tages auch die Überweisungs- oder Einweisungsfrequenz gewertet und Abweichungen vom Durchschnitt geahndet werden.

Die gesamten „Budgets" sind zudem an die Patientenzahl gekoppelt (Einzelbudgets multipliziert mit Patientenzahl). Bleiben also durch Restriktionsmaßnahmen (wie die Krankenkassengebühr) Patienten mit „einfacheren" Kontakten (wie einfache Beratung, zusätzliche Zwischenkontakte etc.) weg, entfallen auch deren Budgets. Im Ergebnis bleibt dem Kassenarzt für seine chronisch Kranken, also die „schwereren Fälle", weniger Geld für Heilmittel oder Medikamente. Auch der chronisch Kranke, der versucht, per vorgezogener Medikamentenversorgung einzelne Quartale (und die damit verbundene Krankenkassengebühr) „einzusparen", schadet seinem Kassenarzt, weil dieser dann in den übrigen Quartalen die höhere Budgetbelastung verkraften muß.

Dieses Verhalten seines Patienten schadet hier dem Kassenarzt, obwohl der Patient das gar nicht wissen kann und auch der Arzt von sich aus dies kaum ansprechen wird. Beide sind hierin Opfer eines absurden Mechanismus.

Die Kompliziertheit des Systems wird noch dadurch erschwert, daß auch alle Patienten, die „nur" eine Impfung oder eine Vorsorgeuntersuchung in Anspruch nehmen und die Krankenkassengebühr dafür nicht bezahlen müssen, ebenfalls als „Verdünner" ausfallen.

Dabei ist gerade die Regelung, daß für einen reinen Vorsorgekontakt die Krankenkassengebühr nicht bezahlt werden muß, ein anschauliches Paradigma für die Verbiegungen, die die Gesundheitsbürokratie den von ihr betroffenen Menschen abverlangt. Der Patient kommt zwar zu seinem Arzt, erwartet eine gründliche Untersuchung und eine vernünftige Längsschnittbewertung seiner Untersuchungsergebnisse, schadet aber dem Hausarzt ungewollt. Durch die Nichtbezahlung der Krankenkassengebühr entfallen die Budgets, der Hausarzt ist an die völlig unsinnig engen Grenzen der Vorsorgeuntersuchungen gebunden und darf seinem Patienten eigentlich keinerlei sonstige Auskünfte oder Wertungen geben. Beispielsweise ist schon das Erörtern früherer Krankheiten in diesem Restriktionsmodell nicht vorgesehen – auch nicht die zusätzliche Bestimmung von Schilddrüsenwerten, selbst wenn diese in der Vergangenheit auffällig gewesen sein sollten. Der geneigte Leser wird dieses Konzept vielleicht genauso sinnwidrig finden wie sein Arzt!

Im derzeitigen Modell schmälern alle Maßnahmen, die potentielle Patienten von den Praxen fernhalten oder ihnen den Status des „normalen" Kontaktes (Stichwort: Impfung, Vorsorge) nehmen, über die Budgets den Verfügungsrahmen des Kassenarztes. Sie engen seinen Entscheidungsspielraum für Diagnostik und Therapie der verbliebenen, meist chronisch kranken, „teureren" Patienten ein. Dieser Sachverhalt wird seitens der Politik konsequent verschwiegen.

Uns ist beispielsweise aus der Wirtschaft kein Vergleich bekannt, daß jemand, der eine Leistung Dritter verursacht (also die Autowerkstatt beim Lackierer, der Heizungsmonteur mit den Ersatzteilpreisen einer Heizungsreparatur etc.) und selbst keinerlei Gewinn aus dieser Veranlassung (sprich: Verordnung) zieht – und übrigens auch nichts dafür als Ausgleich bekommt, wenn er weniger als vorgesehen verordnet –, diese veranlaßten Kosten selbst tragen müßte. Einzig bei Pauschalkostenvereinbarungen wäre dies so – aber dabei bestehen in der Regel Gewinnabsichten und -chancen für den Leistungserbringer, wenn er unterhalb seiner Kalkulation bleiben kann.

Die Haftung ist übrigens auf Zeitspannen festgelegt. Wird innerhalb einer Zeitspanne zuviel, in einer anderen unterdurchschnittlich verordnet – oder schwanken die Rezeptvolumina wegen der oben angesprochenen „Quartalseinsparer" –, wird per Regreß das Zuviel abgeschöpft, während das Weniger nicht zählt und dem Regreßnehmer (der Krankenkasse, die Geld spart) zusätzlich zufällt.

Der Kassenarzt haftet für die von ihm verursachten, aber meist gar nicht beeinflußbaren Kosten, ohne in irgendeiner Weise etwas herauszubekommen, wenn er seinen Kostenrahmen unterschreitet. Er haftet also ohne jegliche Kompensationsmöglichkeit und ohne Chancengleichheit. Er duckt sich zwangsläufig unter die Budgetgrenzen, ohne zu wissen, wie tief er sich eigentlich ducken müßte!

Noch ein absurdes, hier abschließendes Beispiel: Nach einem Privat-Unfall werden Massagen und Krankengymnastik erforderlich, die der Arzt verordnet und „auf sein Budget" nimmt. Gelingt es der Krankenkasse, die Kosten bei der Unfallversicherung – übrigens zu dem höheren Satz für Privatpatienten und damit mit Gewinn! – erstattet zu bekommen, verbleibt trotzdem die Budgetbelastung des rezeptierenden Arztes.

Halten wir also fest: Der Kassenarzt wird gesteuert über die materielle Begrenztheit – oder auch nur Begrenzung – praktisch aller Kosten, die er mit seiner Diagnostik oder Therapie auslöst. Die Korsetts sind so eng geschnürt, daß phasenweise erhebliche Anteile der Kassenärzteschaft einer bestimmten Region oder eines bestimmten Fachgebietes per Regreß mit hohen, existenzgefährdenden Summen „abgeschöpft" werden sollen. Daß die Budgets am Durchschnittsverhalten festgemacht werden, führt tendenziell dazu, daß die Kassenärzte, weil sie es nicht wagen, Regresse auszulösen, ihren eigenen Gestaltungsrahmen immer weiter einengen (vorauseilender Gehorsam). Die Angstspirale weist nach unten und gibt dann noch den Gesundheitspolitikern, die sie ausgelöst haben, scheinbar recht, weil ja die Ausgaben sinken. Diese Dynamik ist natürlich ebenfalls gewollt und schon deshalb kaum durchbrechbar, weil die Regresse oft ein bis zwei Jahre hinter dem Zeitpunkt der Verordnungen hinterherhinken. Sie sind praktisch nicht vorhersehbar. Rechtsentscheidungen gegen Kürzungen, die übrigens auch bei Widerspruch vollstreckt werden, dauern viele Jahre bis Jahrzehnte.

Der Kassenarzt haftet für die Kosten der Krankheit seiner Patienten nicht nur bezüglich der Richtigkeit seines Handelns oder, aus Patientensicht, für Erfolg oder Mißerfolg seiner Therapie, sondern praktisch für alle Kosten, die er mit seiner Diagnostik oder Therapie auslöst. Er haftet nicht virtuell, sondern ganz konkret materiell: Er muß im Zweifel diese Mehr-Kosten bestimmter Zeitabschnitte selbst tragen.

Warum aber sind diese Mechanismen entwickelt worden? In den Zeiten schwindender Erwerbslöhne und damit schwindender Krankenkasseneinnahmen und steigender Kosten für Diagnostik und Therapie (aber auch für Qualitätssicherung und Kontrollen) – die berühmte Kostenschere! – stellen sie einen bislang recht wirksamen Versuch dar, die Verordnungskosten zu begrenzen. Dies geschieht aber auf dem Rücken und mit dem Geldbeutel der Kassenärzte, die positiv überhaupt keine Vorteile aus ihren Verordnungen schöpfen, sondern nur verlieren können.

Die Krankenkassen tragen diese Restriktionen kaum mit und haben wenig Interesse, den Patienten – ihren „Kunden" – als Limitierer zu erscheinen. Verweigert der Kassenarzt dem Patienten beispielsweise „seine" Massagen oder „sein" Medikament, bekommt er in der Regel kassenseitig die an sich nicht falsche Auskunft: „Wenn Ihr Arzt das für erforderlich hält, dann darf, ja muß er diese Verordnung auch durchführen. Wir jedenfalls bezahlen diese Leistung gern." Auch der Rat zum Arztwechsel fällt da gern. Verschwiegen werden die Nöte des Kassenarztes und die Wirklichkeit, daß über die Prüfungsausschüsse die Krankenkassen es selbst sind, die diese Regreßnahmen in die Wege leiten. Der Kassenarzt weiß um die finanziellen Nöte des Systems, ist es aber leid, alleiniger Prellbock oder die berühmte „Wirtschaftlichkeitsreserve" zu sein.

Der Kassenarzt trägt das Morbiditätsrisiko seiner Patienten mit. Haben sie „teuere" Krankheiten, drohen ihm Regresse in existenzgefährdenden Höhen. Seine tagtägliche Arbeit steht ständig unter dieser Bedrohung.

Der Weg, diese beginnende oder schon laufende Rationierung einseitig über den Kassenarzt zu verwirklichen, ist billig, aber unfair und kurzsichtig. Der tatsächliche Mangel tritt nicht durch den Arzt und sein Können oder Nichtkönnen auf, sondern durch eine defizitäre Bilanz der Krankenkassen und deren ausschließliche Einnahmenorientierung. Den erwerbslohnabhängig verminderten Einnahmen stehen die überalterungsbedingten und durch bessere Medizin teuerer gewordenen Ausgaben als Mehrausgaben gegenüber, beides tendenziell steigend. Der Mangel an Mitteln zur Sicherstellung einer modernen medizinischen Versorgung tritt unbeschadet der Tatsache, daß die Krankenkassen noch längst nicht „ihre" Wirtschaftlichkeitsreserven ausgeschöpft haben, auf Krankenkassenseite auf. Daß wir Kassenärzte uns diesen Schuh anziehen (müssen), ist schon bemerkenswert. Wir sind nicht die Verursacher, sondern die Vermittler des Mangels!

Eine echte Reform muß darauf ausgerichtet sein, das finanzielle Risiko, das die Krankheiten unserer Patienten bedeuten, dorthin zurückzugeben, wohin das Geld der Krankenversicherten fließt. Die Krankenkassen sind Wirtschaftsunternehmen, die ihre Einnahmen und Ausgaben „bewirtschaften". Es darf nicht sein, daß sie damit konkret, aber indirekt die Ärzte beschränken. Im Zweifel sollte die Krankenkasse selbst entscheiden, wofür sie die Kosten, gegebenenfalls in welcher Höhe, übernimmt, und wofür nicht. Dies sollte sie mit ihren „Kunden" aushandeln und nicht den Arzt nötigen.

Kaufmännisch ist die Wurzel des Übels, daß die Krankenkassen ihre Aufgaben nach „Kassenlage" erfüllen. Sie „verteilen" das vorhandene Geld und versuchen, nach ihren finanziellen Möglichkeiten den Bedarf zu definieren.

Die Gesundheitspolitik muß endlich weg von einer reinen Einnahmen- zu einer Ausgaben- oder Bedarfsorientierung.

Dies alles ist zugegebenermaßen kompliziert. Diese Komplizierung ist wahrscheinlich gewollt. Man könnte diese Mechanismen seinen Patienten natürlich erklären, aber sicher nicht im zeitlichen Drang eines Praxisalltags.

Der einzige Weg einer vollständigen Transparenz für Patient UND Kassenarzt wäre durch direkte Rechnungen an die Patienten erreichbar, wobei Diagnostik und Therapie nicht durch irgendwelche Budgets beengt sein dürften. Der Patient könnte diese Rechnungen dann nach Begleichung bei seiner Versicherung – der Krankenkasse – einreichen und bekäme sie (nur teilweise?) ersetzt. Doch SO viel Transparenz will die Politik auch wieder nicht!

Bis es so weit ist – wenn es denn jemals dazu kommt – bleiben die Kassenärzte ungefragt und ungewollt Mittler eines Mangels, den sie kaum verantworten müssen und auf den sie keinen Einfluß haben. Skurrilerweise verfestigt sich diese Vorgehensweise zusehends, und wenn trotzdem die Kosten nicht wie gewünscht „gedämpft" werden können, ist der Kassenarzt auch Prellbock für Krankenkassenkritik und Politikerschelte.

Daher bleiben die Ärzte unverstanden, ihre Patienten erleben sie je nach Naturell als knauserig oder unverschämt verweigernd. Dabei ist es nur so, weil der Arzt nicht den ganzen Unsinn heutiger Kassenmedizin alleine schultern kann!

Der wahre Zweiklassenstaat

Der Vorteil eines Zweiklassenmodells gegenüber einem Mehrklassenmodell liegt auf der Hand. Gehört ein Mensch nicht in die Klasse A, dann gehört er eben in die Klasse B. Oder haben die Mitglieder der Klasse A eine bestimmte Eigenschaft, die klassenspezifisch ist, dann hat die Klasse B automatisch die Negation dieser Eigenschaft.

Zur Oberklasse zählt Professor Lauterbach Beamte, Selbständige, Gutverdiener, Einkommensstarke, Mercedes- und BMW-Fahrer, Arbeitgeber und ihnen *„gewogene Professoren"*, den privaten Versicherungen nahestehende Professoren, Angestellte mit Einkommen über der Versicherungspflichtgrenze, Privilegierte und ihre Lobbyisten, Akademikerkinder, Lehrer, Promovierte, gehobenes Bürgertum und Großbürgertum, Burschenschaftsmitglieder, Lobbyisten, Funktionäre der Hausärzte, Herkunftseliten, den *„Facharzt am Starnberger See"*, *„Politiker, Professoren, Spitzenbeamte der Regierung, Unternehmer, Fernsehmacher und Journalisten ... und Aufsichtsratsmitglieder in privaten Versicherungen"*, Patientenvertreter, Pharmalobby, eingekaufte *„Spitzenmediziner"*, Saturierte und so weiter.

Ihnen stellt er gegenüber unter anderem *„Arbeiter, kleine und mittlere Angestellte"*, Kranke und Bildungsschwache, Schlechtqualifizierte, Arme, Arbeitslose, Arbeitende, arbeitende Bevölkerung, Einkommensschwache, Problemfamilien, Kinder mit Sprachproblemen, Menschen mit Migrationshintergrund, ohne jedes Privileg Geborene, Menschen mit großen kulturellen Problemen.

Diese Gruppenbildungen sind eher unscharf und beschreiben eigentlich zwei voneinander relativ unabhängige Klassensyste-

171

me: Menschen mit mehr und solche mit weniger Chancen, beispielsweise auf eine normale Lebenserwartung oder eine befriedigende Berufstätigkeit, und Menschen mit und ohne Einfluß oder Macht.

Dabei ist die Dichotomisierung unpräzise und wird mit emotional gefärbten Begriffen bestückt. Das Vokabular erinnert an die innenpolitischen Kämpfe der 68er-Zeit. Innen- und parteipolitisch war das seinerzeitige Protestpotential in die Gründung der Grünen Partei eingegangen, auch die SPD hatte hier erheblich „mitgeerbt". Historisch aber sollte diese letztlich auf Neid zurückgehende Argumentation jener Jahre eigentlich überwunden sein.

Professor Lauterbachs negative Oberklasse trägt als Charakteristika „reich" und „einkommensstark". Sie trage „zentrale Privilegien einer Klasse" und generiere „wohlhabende Familien". Ihnen stünden „Lobbyisten", „willfährige Wissenschaftler" und „habilitierte Mietmäuler" zur Seite. Wenn man diese beiden wie gesagt parallelen Klassensysteme abstrahiert, sind es Familien und Menschen, die den Anforderungen unserer Gesellschaft besser genügen als andere und – beispielsweise – akademisch Karriere machen, oft die elterliche und großelterliche Laufbahn wiederholend, und solche, die im heutigen Deutschland wirtschaftlichen und politischen Einfluß ausüben. Dabei haben sie nach Ansicht Professor Lauterbachs große Fähigkeiten, demokratische Strukturen auszuhebeln oder, besser ausgedrückt, Einfluß auf die Gestalter der Macht und auf die Meinungsmacher auszuüben.

Keine Erwähnung finden dagegen die Machtstrukturen, die viel erfolgreicher als „zweckgebundene Lobbyisten" oder einfach nur Karrieristen unsere Demokratie auch in den Augen der Gemäßigten und der so gescholtenen Gebildeten mißbrauchen und gefährden können: Die großen Wirtschaftskonzerne, in deren Aufsichtsräte Meinungsbildner und Mandatsträger alimentiert werden, scheinbar gemeinnützige Stiftungen, die ganz massiv für wirtschaftlich-politische Interessen Forschungsergebnisse liefern, deren Epigonen talkshowgeübt und -präsent Sorgen um unsere freiheitliche Grundordnung äußern und selbst erheblich an ihren Wurzeln sägen.

Wenn aber schon ein wirtschaftliches Zweiklassenmodell bemüht wird, darf es sich nicht auf die Ebene der Individuen beschränken. Die wesentliche Hintergrundstruktur sind auch heute noch erheblich tabuisierte Konzerninteressen, die sich dieser Individuen bedienen.

Gleichzeitig wirkt das Zweiklassenmodell im diskutierten Buch sehr beliebig. Wer – beispielsweise im Beruf des Arztes – mit den Menschen in unseren heutigen Tagen spricht und ihre wesentlichen Nöte begreifen will, wird nicht auf ein letztlich antiquiertes Die-da-oben und Wir-da-unten stoßen.

Zusammengefaßt: Nicht Erbreichtum oder Wirtschaftsnähe noch um die Bildung ihrer Kinder besorgte Familien stellen aber die heutige „Oberschicht" dar. Noch sind es ausschließlich Migrantenfamilien, Arbeitslose oder Hauptschüler, die unter den gegenwärtigen Machtverhältnissen undemokratisch stark zu leiden hätten und ohne Chancen auf ausreichende Anerkennung, Auskommen und Lebenserwartung blieben.

Nehmen wir das Beispiel Bildung. Zum einen sind kinderreiche Familien mit normalem Einkommen, die sich finanziell behaupten und gegen die modernen Fallsstricke die Schulzeit ihrer Kinder durchkämpfen müssen, weder subjektiv noch objektiv „Elite" oder „Privilegierte", zumal in der vordergründig materiellen Ebene nicht. Auch die schlichte Tatsache, einen Arbeitsplatz zu haben, ist gerade heute keinerlei stabile Basis für solchermaßen exquisite Privilegierung. Historisch wären beide Subgruppen niemals als „Privilegierte" wahrgenommen worden. Nur (Erb-) Reichtum und politischer Einfluß hätten schon im vorletzten und letzten Jahrhundert eine Zugehörigkeit zur „Oberschicht" begründet.

Tatsächlich aber gibt es eine neue Zweiteilung unserer Gesellschaft: Es gibt diejenigen, die die Arbeit in Produktion, Dienstleistung et cetera leisten – darunter viele aus Professor Lauterbachs „Oberschicht" –, und diejenigen, die sie führen und kontrollieren.

Die wahre Oberschicht heutzutage stellen diejenigen, die unser Gemeinwesen umpflügen wollen und letztlich den demokratischen Konsens gefährden, indem sie in allen Bereichen Kontroll- und Steuerungsapparate aufbauen. Ihr Vehikel sind Not und Mangel, notfalls auch nur behauptete, ihre Waffe ist die Statistik, der sie gläubig verhaftet sind und die sie autark handhaben, und ihre Hauptstärke ist ihr Sendungsbewußtsein, ihre Radikalität. Skrupel gegenüber kulturellen und historischen Erfahrungen, Respekt vor alternativen Lebensmodellen einschließlich der als „Grundrechte" zu postulierenden Rechte auf Leistungsverweigerung und Nonassimilation oder sonstige Andersartigkeit kennen sie nicht. Gerade aus den historischen Erfahrungen unseres Volkes muß jemand kulturell und sprachlich anders sein dürfen, er muß sogar das Recht haben, uns und unser Land nicht zu mögen und so weiter, ohne daß ihn eine staatliche Zwangsbeschulung „einzugliedern" versuchen dürfte. Mathematik und Statistik sind wichtig, aber sie haben weder den Rang neuer Gottheiten noch das Recht, kulturelle und historische Unterschiede verwerfen oder egalisieren zu wollen.

Der Raub an beruflicher und vielleicht darüber hinausgehender Identität der Schaffenden ist ein wesentliches Machtinstrument dieser neuen Oberschicht.

174

Nehmen wir einmal ein ganz einfaches Beispiel: Wenn früher ein Kraftfahrzeugmechaniker ein bestimmtes Automodell – beispielhaft jenes Buckelauto aus Wolfburg – „beherrschte", dann sicherte ihm dies Anerkennung und Rang in seiner Kund- und Kollegenschaft. Er konnte es sich sogar leisten, mit seinem speziellen Modell gemeinsam zu altern, aber meist wird er befähigt gewesen sein, sein Wissen und Können marktgerecht auch auf neuere Modelle auszudehnen. Er bedurfte dazu keines Zertifikats oder ähnlicher Urkunden. Heute würde der gleiche alle drei Jahre auf einen Lehrgang gehen müssen, um sich sein Wissen erneut attestieren zu lassen. Seine Arbeit würde von Externen, die in der Sache keinesfalls seine Kompetenz haben müßten, ständig „qualitäts"-überprüft und im Erfolgsfall auch qualitäts-„gesichert". Die Wände der Werkstätte strotzten vor Urkunden und Zertifikaten.

Aber was geschieht dabei tatsächlich: Unser Kraftfahrzeugmechaniker hat keinen Wert mehr aus sich heraus, sondern er muß ständig um Anerkennung durch Kontrolleure und Zertifizierer buhlen, könnte durch Verweigerung seines Chefs, weitere Qualifizierungsveranstaltungen besuchen zu dürfen, schleichend aber sicher seine gesamte Berufsqualifikation einbüßen. Und zwar völlig unabhängig davon, ob sein Spezialgebiet „Buckel-Pkw" noch gebraucht wird oder nicht, und auch ohne Rücksicht auf sein tatsächliches Können, geschweige denn auf seine Zufriedenheit, sein Selbstbild und -bewußtsein und seine Reputation bei den Menschen seiner Umgebung.

Im Bereich des Arztberufs ist es genauso. Aberwitzige Subqualifikationen – zum Teil reine Alibiveranstaltungen – sichern einerseits den Fortbestand der eigenen Qualifikation, ernähren aber in erster Linie diese Qualitätssicherer, Fortbilder, Evaluierer et cetera. So wie die medizinische Statistik den sie Beeinflussenden oft undurchschaubar bleibt, wird durch die Nachqualifikationsautomatik eine permanente Furcht nicht nur um den Arbeitsplatz selbst, sondern um die eigene Qualifikation, um die berufliche Identität geschürt. Und es gibt eine sehr sichere Aussage:

Im System der Arbeit verdienen die, die sie leisten, immer weniger, während es der Oberschicht, die ihre Kontrolle ausübt, immer besser geht.

Müllfahrer, -sortierer und -verteiler bleiben arm, Müllwirtschafter und -exporteure aber können reich werden.

Die neue Oberschicht kontrolliert alle bildungsmäßigen und wirtschaftlichen Abläufe. Sie führt nicht nur durch Arbeitsplatzangst, sondern auch durch ständige Relativierung der Gültigkeit einer bisherigen Aus-, Weiter- und Fortbildung. Wer in diesem System versagt, weil er seine Rezertifizierungen nicht mehr erbringen kann, will oder darf, wird seines Selbstwertgefühls und seiner beruflichen Identität beraubt.

So also funktioniert die neue Oberschicht des realen Zweiklassenstaates: Ein möglichst geschlossener Personenkreis denkt sich Modalitäten, Kontrollen, Qualitätsstandards aus und „führt" mittels dieses Instrumentariums diejenigen, die die eigentliche Arbeit – minder-, oft unterbezahlt – leisten. Und diese neue herrschende Oberschicht scheut Transparenz und lebt von der kollektiven Furcht vor Sanktionen durch sie.

Auch hier ist ein Blick in die Kultur hilfreich, und zwar in die Märchenwelt. Andersens „Des Kaisers neue Kleider" ermöglicht dem unverstellten Kinderblick und unzensierten Kindermund, der nur die Wahrheit laut sagt und aus dem System der Lüge ausbricht, die Revolution. Anpassungswillige und denkfaule Erwachsene hatten systemimmanent funktioniert und ihre Oberschicht viel zu lange toleriert, gewähren lassen und miternährt.

Es ist legitim, daß die „neue Oberschicht" ihren Machterhalt und -ausbau betreibt, es ist aber auch legitim, ihre Berechtigung

durch die Gegängelten selbst in Frage zu stellen. Unsere freiheitliche Verfassung kennt als zentrales Element „die Würde des Menschen". Wir sind dabei, sie einem übermächtigen Kontrollwesen zu opfern.

Große Revolutionen sind oft von ihren Epigonen verraten worden: Napoleon und Lenin beispielsweise „beerbten" und beendeten ihre Revolutionen mit womöglich noch größerer Unfreiheit für die, die ihnen den Weg bereiteten und für die sie ursprünglich (zumindest vorgeblich) agierten. Die deutsche Sozialdemokratie hat berechtigt kapitalistische Mißstände angeprangert und erfolgreich (mit)bekämpft. Ihre heutigen Repräsentanten sind dabei, eine auf die Rechte – und die Würde – des einzelnen zentrierte Freiheitsbewegung gegen einen neid- und mißtrauensmotivierten Überwachungs- und Regelungsstaat einzutauschen. Daß dieser Weg historisch nicht richtig ist, weiß jeder Einsichtige. Die Frage ist allerdings, ob die Sozialdemokratie dies selbst noch rechtzeitig erkennt.

Ein ungelöstes Problem einer „Kontrollschicht" besteht darin, daß die Kontrollregularien, mit denen sie der „kontrollierten Schicht" gegenübertritt, nicht für sie selbst gelten beziehungsweise sie die Spielregeln ihrer eigenen Überwachung selbst festlegt. Diese Privilegierung ist ja gerade eines ihrer Kernkriterien. Am Beispiel der Sozialversicherung bemerkt das hier diskutierte Buch richtig. *„In der politischen Ökonomie gilt das Gesetz, daß es für ein Sozialsystem langfristig den Tod bedeutet, wenn die Meinungsführer der Gesellschaft darin nicht mitversichert sind"* (S. 186). Daraus folgt verallgemeinernd: Solange die Legitimation einer Oberschicht, die alle wesentlichen Vorgänge und Strukturen kontrolliert, nicht von denjenigen, die unter ihr leiden, in Zweifel gezogen werden kann oder darf, ändert sich an diesem Unterdrückungssystem nichts fundamental. Solange diese Oberschicht ihre Regeln einseitig gegen die Unterschicht aufstellen und durchsetzen kann und sie für sich selbst nicht gelten läßt, wird sie keinen Anreiz zu echten Reformen sehen.

Erst wenn offensichtlich wird, daß das ganze Kontrollwesen keinem echten Sachzwang, sondern dem Selbstzweck einer neuen Oberschicht dient, kann es überwunden werden.

Und noch eine Anmerkung sei erlaubt:

Ein sehr wichtiges Werkzeug der Kontrolle und der mit ihr ausgeübten Macht ist die Digitalisierung unserer gesamten Welt, der beruflichen und der privaten. Der Medizin wird hier eine Vorreiterrolle zugedacht.

Hier gilt als wichtigste Selbstbehauptungsstrategie der elektronisch Registrierten und Überwachten: Sie fordern ihr Recht auf Anonymität ein.

Muß man als deutscher Hausarzt Professor Lauterbach mögen?

Zunächst sei er in seinen Einschätzungen hausärztlicher Qualifikation zitiert: *„Ein Spezialist kann einem vielleicht helfen, ein überforderter Arzt bringt einem bestenfalls neue Probleme, schlimmstenfalls leitet er das Finale ein. Die seltene oder schwerwiegende Erkrankung ist der Ernstfall in der Medizin, nicht die gemeine Grippebehandlung, die tatsächlich jeder Arzt vornehmen kann"* (S. 58). *„Oft werden die Patienten so lange erfolglos von nicht ausreichend qualifizierten niedergelassenen Ärzten durch die Mühle gedreht, bis nichts anderes mehr übrig bleibt, als sie in das Krankenhaus einzuweisen, um dort eine Diagnose zu stellen"* (S. 71). Und dann zur Würde und Höflichkeit im Patienten-Arzt-Kontakt: *„Niedergelassene Ärzte lassen es gesetzlich Versicherte immer stärker spüren, daß sie Patienten zweiter Klasse sind … Gäbe es für alle Patienten das gleiche Honorar, wäre die oft unverschämte und herablassende Behandlung gesetzlich Versicherter in Deutschland undenkbar"* (S. 78). Und bei einer Odyssee durch die niedergelassene Facharztwelt: *„Richtig zuständig fühlt sich niemand, bestenfalls der Hausarzt, der aber mit solchen Fällen noch die wenigste Erfahrung überhaupt hat"* (S. 83). Entlarvend, wenn es um die Verdammung der ambulanten Medizin insgesamt geht, ist die erstaunliche Feststellung: *„Hier wird uns aber unsere balkanisierte Versorgungsstruktur zum Verhängnis. Da … die große Mehrheit unserer Patienten nach ihrer Entlassung von den Krankenhausärzten nicht weiter ambulant betreut werden darf"* (S. 103). Beim Fall eines sehr schwer Erkrankten zeigt sich die Doppelzüngigkeit eines Berufsverständnisses, bei dem der Bescholtene zwar nichts kann und auch das noch alles falsch macht, aber dann doch für die Folgen haftet: *„Rainer K. wußte seit*

179

vielen Jahren von seinem Bluthochdruck, den sein Hausarzt jedoch nicht ausreichend behandelte" (S. 125). *„Aber jeder versteht, daß er ... sich auf seinen Arzt verlassen hatte"* (S. 125).

Die Abschaffung der freien Arztwahl und konsequenterweise auch des Hausarztes ist ganz offensichtliches Ziel Professor Lauterbachs.

Was aus diesen Zuschreibungen herauslesbar zu sein scheint, ist eine tiefe Abneigung gegen uns Niedergelassene im Allgemeinen und uns Hausärzte im Besonderen. Außer im Liebesgebot der christlichen Bergpredigt gegenüber dem Mitmenschen gibt es für einen echten Hausarzt keinen Anlaß, das im diskutierten Buch Ausgebreitete zu mögen. Auch wenn man in der Perspektive des normalen demokratischen Ringens um Verständnis und Ausgleich lebt und nach Konfliktlösungsmechanismen, die uns die Psychologie zur Verfügung stellt, strebt, muß man eine solche Kluft konstatieren, die unüberbrückbar zu sein scheint. Mit anderen Worten:

Wer auf eine Wende zum Besseren hofft, auf eine Medizin MIT Menschlichkeit, kann sie ganz sicher nicht unter der hier vorgestellten Sozial- und Gesundheitspolitik erwarten.

Er muß vielmehr geduldig ausharren und auf eine Nachfolgerin hoffen. Aber er hat alles Recht, die aktuelle Mißlage aufzudecken und Änderung anzumahnen. Eine Hofierung des Klinikarztes (des vielzitierten „Krankenhausspezialisten") – gar im Brot großer Gesundheitskonzerne – und wohl auch lohnabhängiger Pseudoniedergelassener der gleichen Geldgeber durchdringt das gesamte diskutierte Buch. Was soll sonst die Behauptung einer „balkanisierten Versorgungsstruktur", wenn damit die bisherige Regelung gemeint ist, daß Krankenhauspatienten nach ihrer Entlassung aus dem Krankenhaus ambulant nicht weiter durch die Krankenhaus-, sondern ihre niedergelassenen Ärzte betreut werden?

Professor Lauterbachs Affront gegen uns niedergelassene Hausärzte – und damit gegen die mit uns solidarischen Kranken und
Benachteiligten unserer Gesellschaft – attackiert uns und unsere
gewachsene humane medizinische Kultur existentiell.

Die Rolle der „Alten"

Lauscht man heutzutage den Mächtigen der Sozial- und Finanzpolitik, gewinnt man den Eindruck, daß jeder Bürger dieses Landes, der nicht oder nicht mehr aktiv am Wirtschaftsleben teilnimmt, einen Problemfall darstellt. Dabei werden geschickt die Bevölkerungsgruppen gegeneinander ausgespielt: Die Finanzierung der Kinder wird laut polternd den Kinderlosen aufgebürdet, „Doppelverdiener" gegen „Nur-Hausfrauen" ausgespielt, der chronisch Kranke von dem Bewußt- und Gesundlebenden mitbezahlt, und: Der Rentner liegt den Erwerbstätigen auf der Tasche.

Man kann Politik so machen, man kann damit sogar Wahlkämpfe gewinnen. Daß man damit aber mittel- und langfristig nichts löst, ist eigentlich zumindest jedem „Systemfernen" völlig klar. Systemfern in diesem Fall ist derjenige, der nicht zur Kaste der Gestalter und Problemlöser gehört beziehungsweise nicht dort sein Geld „verdient".

Üblicherweise funktioniert Sozialpolitik dadurch, daß einer Gruppe etwas gegeben wird, das entweder ihr oder einer anderen Gruppe vorher genommen wurde. Im vorliegenden Buch wird aus prägenden Sozialeigenschaften ein Zweiklassenmodell, das in dieser Weise ganz sicher nicht existiert. Was existiert, sind verschiedene Problemebenen und Befangenheiten. Hier muß die Politik vermitteln und darf nicht spalten.

Man könnte daher aber auch analytisch postulieren: Ist der Fortbestand unserer Gesellschaft und ihrer sozialen Sicherungssysteme von einer wieder steigenden Kinderzahl existentiell abhängig, muß der Staat das Kinderhaben erleichtern. Sieht der Staat

Probleme in dem relativ immer größer werdenden Anteil von Kindern aus „Problemfamilien", muß er diesen helfen. Zugleich aber darf er nicht die im Sinne des hier diskutierten Buches „etablierten und privilegierten Familien" bekämpfen, sondern muß auch ihnen Mut machen (und das Vertrauen in die Politik zurückzugewinnen suchen), daß auch für diese gesellschaftliche Gruppe weiterhin Kinder ein Segen sind – und weiterhin ihnen „gehören" und nicht dem Staat. Diese Vertrauensreparatur könnte so einfach sein, es müßten nämlich nur beispielsweise für die vorschulische „Bildung" staatliche Zwangswege entfallen! Eben Wettbewerb um beste Lösungen und nicht Tabu und Generalverdacht.

Sozialneid bestimmt oft auch die „Rentenpolitik". War die Rente für manche Spitzenpolitiker vor zwei Jahrzehnten noch „sicher", so ist sie es heute für die meisten Menschen, besonders aber für die unmittelbar betroffenen heutigen und zukünftigen Altersruhegeld-„Empfänger" eben nicht mehr. Hier aber sollte Grundkonsens sein: Menschen, die einem nach wie vor sehr reichen Land ein Arbeitsleben lang gedient haben, haben selbstverständlich und ohne jegliche Zweifel das Recht nicht nur auf einen respektvollen Umgang durch uns Jüngere, sondern auch auf eine ihren bisherigen Lebensstandard erhaltende Honorierung (im Wortsinn, Honorierung kommt vom lateinischen „honor", die Ehre).

Allein die Tatsache, daß schon heute die Durchschnittsrente in diesem Land unter der Armutsgrenze liegt, ist skandalös genug.

Skandalös auch, daß „Renten-Politik" heutzutage in eine Begründungsautomatik für faktische Dauerkürzungen verkommen ist. Und daß man die „Alten" in diesem Land überhaupt nur unter Kostengesichtspunkten und damit automatisch negativ wahrnimmt.

Das einzige, was man ihnen jüngererseits vorwerfen müßte, ist, daß sie es sich praktisch widerspruchslos gefallen lassen, daß tagtäglich eine Neid- und Mangeldebatte gegen die Rentner (besser: über die Renten und ihre „Empfänger") von der Realpolitik ungefährdet geführt werden kann, obwohl inzwischen 30% der Wähler Rentner sind. Wo bleibt die demokratische Reife der „Alten", sich außer mit Geduld und Nachsicht zu wappnen, sich nicht auch mit Macht zu widersetzen? Wo bleibt das schon längst überfällige Aufbegehren der etablierten Altersdamen- und -herrenliga der politischen Parteien, die außer sporadisch und unnötig höflich in manchen Talk-Shows nichts wirklich laut gegen den stümperhaften Umgang der Jüngeren mit ihnen und ihrem Schicksal äußern? Wann wachen sie endlich – parteiübergreifend – auf, zum Wohle ihrer Altersgenossen, aber auch des ganzen Landes?

Wir verdanken unseren Vorfahren sehr viel, die Identität unseres Gemeinwesens, unseren Wohlstand, unseren Frieden, unsere (noch vorhandene) internationale Reputation. Wozu also leise und duldsam sein? Es gibt keinen Grund dafür, außer einer falsch(geworden)en Höflichkeit den jüngeren Generationen gegenüber? Den Niedergang unserer Umgangskultur, ja der inneren Sicherheit, fördern sie durch ihr Schweigen.

Es geht nicht nur um eine Rentengerechtigkeit, von der wir weiter entfernt sind als jemals zuvor in dieser späten Nachkriegszeit, es geht auch darum, daß sie uns Goethe umsetzen helfen.

„Was Du ererbt von Deinen Vätern hast, erwirb es, um es zu besitzen!"

Wenn sie damit warten, bis die jetzt in einer unsinnigen Ummodelungspolitik ums Überleben Kämpfenden selbst Renten-„empfänger" geworden sind, gibt es vielleicht für die dann „Alten" schon nichts mehr zu retten. Wie gesagt: Nicht nur aus Berechtigung, eigene Interessen vertreten zu dürfen, sondern aus der

Pflicht, das von ihnen Geschaffene nicht verspielen zu lassen, müssen sich „die Alten" wehren! Es geht schließlich darum, das Ererbte für die Generation ihrer Kinder vor falscher Experimentierfreude zu schützen.

Ausblick

Das Hauptanliegen des Ihnen vorliegenden Buches ist nicht ein „durchgerechnetes" Gegenmodell der Zukunft unserer Sozialabsicherung. Ich wollte zeigen, wie kalt und manchmal inhuman das „Modell Professor Lauterbach" erscheint. Es kam mir darauf an, herauszuarbeiten, daß nicht aus purem vermuteten Sachzwang heraus die innersten Werte unserer Gesellschaft geopfert werden dürfen. Es drohen Egalisierung und Uniformierung. Die Sozialabsicherung ist ein zu ernstes und uns alle viel zu sehr betreffendes Thema.

Professor Lauterbachs Vehemenz der Anklage und die Stringenz der Lösungsvorschläge fordern Widerspruch und Alternativen heraus.

Als alternative Denk- und Lösungsvorschläge wären dann zu formulieren:

- Liberalisierung der Vorschulzeit mit umfangreichen alternativen Parallelangeboten ohne Zwang.

- Positives Einbinden anderer Lebensentwürfe und alternativer Kulturen. „Migranten" sind nicht primär eine Gefahr, sondern eine Chance für Deutschland, und zwar nicht in einem vordergründigen „Abschöpfvolumen" ihres Leistungspotentials, sondern in ihrer unser Gemeinwesen bereichernden Kultur und oft komplementären Sichtweise.

- Kinder kosten Geld und verursachen bis weit in den Mittelstand hinein zumindest eine relative Armut. Die Gelder, die für frühe Erziehung und Förderung zur Verfügung stehen, sollen nicht als Angelhakenwurm zur Steuerung eingesetzt werden, sondern direkt den Eltern zur Verfügung stehen. Wenn pro minderjährigem Kind und Monat 500 € eingesetzt würden, könnten Eltern tatsächlich ihre Familienform und ihre Berufstätigkeiten frei gestalten.

– Den ganzen heutigen, irrwitzige Beträge auffressenden Kontroll- und sogenannten Qualitätssicherungsapparat der Krankheitsvorsorge und Therapie sollte man ersatzlos abschaffen, weil er eine Überbürokratisierung erzeugt, ohne wirklich die Qualität zu verbessern.

– Eine individuelle „private" Krankenversicherung könnte die Versicherungswirtschaft wohl bis weit in unterdurchschnittliche Einkommen hinunter anbieten. Die Beitragsbemessungsgrenze, ab der bislang die Wahlmöglichkeit zwischen „privater" und „gesetzlicher" Krankenkasse besteht, ist nicht zu heben, sondern drastisch zu senken. Bei darunterliegenden Einkommen wäre das Krankheitsrisiko durch eine mit Steuermitteln zu finanzierende Basisversicherung abzusichern, wobei in Höhe von deren „Beiträgen" die anderen Versicherten einen Prämienzuschuß erhalten müßten. Dabei wäre eine allgemeine Krankenversicherungspflicht notwendig und erreichbar.

– Das Morbiditätsrisiko – das heißt, die immer höher werdenden Kosten für „Krankheit" – muß vom Arzt weg zu den wirtschaftlich agierenden Krankenkassen verlagert werden. Der Arzt kann weder etwas für die Preise von Medikamenten und Heilmitteln, noch ist es einsichtig, warum er diese bei Überschreitung eines Durchschnitts selbst bezahlen muß.

– Die Altersvorsorge sollte aus einer ausreichenden staatlich finanzierten Basisrente und einer freiwilligen Zusatzkomponente bestehen. Starre Altersgrenzen müssen fallen.

Zweifelt man die Güte und Realisierungschancen dieser Gegenvorschläge an, könnte man sie ja einfach einmal für – sagen wir – ein Jahrzehnt erproben. Im Falle des Scheiterns bliebe ja dann wieder Spielraum für neue Versuche!

Schlußbetrachtung

Professor Lauterbach behauptet eine Zweiklassigkeit in Deutschland, die er unter anderem in der Bildung durch die größeren Chancen von Mittelstandskindern aus intakten Familien und bei den Kranken in der für diese günstiger zu bezahlenden und dabei noch besseren Behandlung von Privatpatienten sieht und festmacht. Seine Lösung scheint die Egalisierung nach unten durch staatlichen Zwang („Herausnahme" der Kinder aus ihren Familien durch eine obligatorische Ganztages-„Betreuung", faktische Abschaffung der Privatversicherung) zu sein.

Er ist nicht ein Irgendwer, der theoretische Betrachtungen über die Umwandlungsmöglichkeiten unserer Gesellschaft angestellt hat. Er ist seit Jahren an verantwortlicher Stelle politisch tätig. Er hat offensichtlich großen Einfluß auf seine sozialdemokratische Partei – und es ist durchaus möglich, daß diese über die nächste Bundestagswahl hinaus in der Regierungsmitverantwortung bleibt.

Professor Lauterbach ist zugleich mitverantwortlich für ein Medizin-Unternehmen, das erheblich von dem von ihm betriebenen Umbau unseres Gesundheitswesens profitieren dürfte. Daß er dieses Engagement komplett verschweigt, muß zudem aufhorchen lassen.

Professor Lauterbachs Buch muß deshalb mit besonderer Sorgfalt gelesen werden, weil hier nicht ein gestaltungsferner Idealist oder Phantast theoretische Wunschmodelle aufstellt, sondern weil er in Netzwerken eingebunden ist, die die Möglichkeiten zu einem Umbrechen unserer Gesellschaft haben. Er ist Teilhaber am parlamentarischen Entscheidungsprozeß und Ratgeber vieler heute Wichtiger in der Sozial- und Gesundheitspolitik.

Sein Schweigen zu einer auch von ihm mitbetriebenen kompletten Kontrollierbarkeit beispielsweise der Medizinlandschaft durch EDV ist vermutlich ebenfalls keine Panne, sondern Strategie. Es irritiert deshalb, weil mit der kompletten Datenhoheit ein die Demokratie potentiell sprengendes Machtinstrument entstanden ist und weiter entsteht, das eine Zukunft nach George Orwells „1984" nicht mehr abwegig erscheinen läßt. Durch die bereits beschlossene Einführung der E-Card werden alle Begegnungen zwischen Patient und Arzt, alle Ergebnisse von Diagnostik und Therapie jederzeit („online") dann für viele Mitverantwortliche, auch für Kontrolleure, Steuerer und Einflußnehmer, zugänglich. So entsteht der „gläserne Patient". Es gibt dann kaum mehr Vertrauliches zwischen Krankem und Arzt, auch weil beide systemgewollt sich nur zeitlich befristet – und am besten über Außenstehende zugeteilt und eher zufällig – begegnen. Das Maß dessen, was bei in diesem Sinne zukünftigen Begegnungen an Zeit und Inhalt „erlaubt" wäre, bestimmten wirtschaftliche Rücksichten und eine „evidenzbasierte" Überbürokratie. Echte Individualität oder gar eine „Seele" gäbe es in dieser Welt nicht mehr.

Eine Kindheit im Streß einer von Statistikern geschaffenen und forcierten PISA-Welt, die zwanghafte Einvernahme schon kleinster Kinder ohne Rücksicht auf den Elternwillen setzt sich fort in einem permanenten staatlichen Streben, die Menschen nach den jeweils neuesten epidemiologischen und statistischen Daten umzuformen. Die Verantwortung der Eltern wird stark eingeschränkt, und die moderne Pädagogik glaubt, die „wahren" Bedürfnisse der Kinder besser zu kennen und sie für ihre Funktion in einer modernen Leistungsgesellschaft tauglicher machen zu können als die eher intuitiven Eltern, die offensichtlich ohnehin nur zu stören scheinen. Alle Erwachsenen und somit auch Eltern

190

sind eigentlich nur „Leistungsträger" einer in der Globalisierung nach internationaler Führung und Anerkennung strebenden und den USA nacheifernden freudlosen Gesellschaft, deren jeweils aktuelle Bedürfnisse von mathematisch-empirischen „Vordenkern" festgelegt werden.

Nicht einmal im Ansatz erkennt das hier diskutierte Buch die Notwendigkeit, in „Migrantenfamilien" gerade auch die Rolle der Mütter zu stärken und ihnen so einen unseren Maximen entsprechenden Platz zu ermöglichen. Daß Integration von „Ausländerkindern" nur über eine Integration ihrer Familien denkbar ist, scheint diesem Buch ebenso fremd wie die Gewißheit, daß Kindern aus anderen „Problemfamilien" deutscher Abstammung der beste Zugang zu unserer, das heißt ihrer Gesellschaft über eine Stabilisierung der Eltern gelingen kann. Sie statt dessen obligatorisch einer staatlichen Erziehungsmaschinerie auszuhändigen, verkennt die positive Rolle der Familie vollständig. Eine Entwurzelung im kulturellen und ethnischen Hintergrund führte nicht zu einer Verwurzelung in unserer Gesellschaft. Eine solche Politik wäre unsozial und letztlich erfolglos.

Nein, Professor Lauterbachs „Zweiklassenstaat" existiert nicht so, wie er ihn beschreibt. Seine Einteilung entspringt einer ideologisch geprägten Voreingenommenheit. Seine Gegner scheinen nicht hauptsächlich die Etablierten und von der Gemeinschaft in erster Linie materiell Profitierenden, sondern die Intakten und Unbeugsamen, die historisch bewußt Handelnden, die einer eigenständigen Kultur Verbundenen, kurz, die aus neudeutscher Sicht eher Unzeitgemäßen zu sein. Wer beispielsweise versucht, eine in Jahrtausenden gewachsene ärztliche Tradition des mitmenschlichen Arztes gegen modernistische Eingriffe zu verteidigen oder das Arztgeheimnis zu schützen, wird bei ihm zum „Funktionär" oder „Lobbyisten". Völliges Unverständnis dürfte er haben für Menschen, die Erhebung und Ergebnisse mancher aktueller epidemiologischer wissenschaftlicher Arbeiten ablehnen und die die Globalisierung für zum Teil reichlich virtuell halten. In seinem Buch aber zeigt er sich ausreichend legitimiert, die Gesellschaft und ihre Menschen im gegenteiligen Sinne umzugestalten.

Seine Vorstöße sind keine Reformen in der Sache und schon gar nicht mehr, also erst recht keine korrigierende Revolution insgesamt, sondern sie sind der recht manipulative Umbau unseres gesamten Gemeinwesens. Wenn man als parteien- und machtferner politisch Interessierter nicht verstanden hatte, worum SPD und CSU in der Frage der „Herdprämie" (Familien bekommen, wenn sie ihre Kinder nicht in Kindergärten geben, sondern sie in der Vorschulzeit zu Hause behalten und dort auf das Leben vorzubereiten versuchen, einen übrigens nur recht geringen materiellen Ausgleich dafür) eigentlich streiten, ist sein Buch eine Schlüsselliteratur: Weil es für viel zu viele Kinder in unserer Gesellschaft kein Zuhause gibt, gefährdet er dieses für alle. Weil es sicher auch im Arztberuf Menschen gibt, die ihr materielles Wohl über das der von ihnen Abhängigen, ihrer Patienten, stellen, will er ein in vielen Jahrtausenden gewachsenes Berufsbild des weisungsungebundenen und empathischen Arztes für alle zerstören. In der bisherigen niedergelassenen Medizin ist ja der Arzt allein oder in kleinen, überschaubaren Gemeinschaftspraxen tätig, was die langjährige Begegnung von Mensch zu Mensch sicherstellt. Ein kontinuierliches und individuelles Arzt-Patienten-Verhältnis aber wird durch den heutigen Zwang zu immer größeren Praxen, Medizinischen Versorgungszentren und Klinikambulanzen bedroht und abgeschafft. Statt mit seinen Problemen und Nöten auf die vertraute Arztperson zu treffen, kann dies der Patient in den modernen Arbeitsformen ärztlicher Niederlassung nicht mehr selbst entscheiden.

Daß Professor Lauterbach dabei selbst auf einer Seite mittätig ist, die von dem von ihm betriebenen Wandel materiell profitieren würde, und dies in seinem Buch verschweigt, schwächt seine moralische Position.

Alle seine Mitstreiter in den etablierten politischen Parteien sollten ihn lesen und sich dann darüber klar werden, ob sie seine Weggefährten und Mitdurchsetzer werden oder bleiben wollen. Eine Bundeskanzlerin einer großen Koalition, die einen Abbau von Freiheitseinschränkung bei ihrem Amtsantritt versprochen hat, muß entscheiden, ob sie eine derartige massive Einflußnahme auf das soziale Leben aller mitverantworten will. Wie man unsere zentralen Freiheiten der Selbstverfügung über unsere sozialen Rollen massiv beschneiden will, steht in Professor Lauterbachs Buch!

Wir Ärzte, die wir am ehesten wissen, was unsere Patienten und wir in dieser neuen Welt verlieren würden, müssen uns endlich in die Pflicht nehmen, wirksam und laut Widerstand zu leisten und unsere Bevölkerung zu warnen. Wir dürfen keine untereinander zerstrittenen Opfer sein, wir haben das Recht und die Pflicht, uns und unsere Patienten vor diesem Zugriff zu schützen!

Wer immer noch denkt, alles sei nicht so schlimm, sollte das hier diskutierte Buch besonders gründlich lesen und seine wohl bewußt nicht angesprochenen Verbindungen zur Konzernmedizin und das von ihm ausgeschwiegene Thema einer weitestgehenden digitalen Kontrolle, die die gleiche Politik anstrebt und inzwischen zu betreiben beginnt, hinzufügen. Er sollte dann Orwells „1984" lesen (oder wieder lesen). Das Recht, auch dann gelassen bleiben zu dürfen und nicht reagieren zu müssen, hat jeder Leser. Dies ist demokratisches Ur-Recht. Aber er muß auch wissen, daß diese Freiheit Verpflichtung ist, sie vor ihrer Beschneidung zu schützen, was wohl den meisten Lesern nach einer solchen Doppellektüre klar werden dürfte.

Unser Land steht an einem Scheidepunkt. Das hier diskutierte Buch mit seinen Plänen ist Fakt. Es bleibt zu hoffen, daß sich genug Menschen finden, seinen Inhalt nicht Wirklichkeit werden zu lassen. Wer die Würde des Menschen, die unseren politisch Gestaltenden die Legitimation gibt („Sie zu achten und zu schützen ist Verpflichtung aller staatlichen Gewalt"), ernst nimmt, sollte eine solche Zukunft zu verhindern trachten, denn sie hätte mit individueller Freiheit und Würde nicht mehr viel im Sinn.

Professor Lauterbachs Buch ist schwierig, schon deshalb, weil es zu einer düsteren Diagnose eine ebenso düstere Prognose stellt. In der Pädagogik aber sollte der Umgang mit Kindern und im Arztberuf der mit Kranken nicht nur aus einer grundsätzlich lebensbejahenden, sondern auch aus einer möglichst positiven Stimmung heraus motiviert sein.

Was jedem, der Verantwortung trägt, zu wünschen ist, ist eine mediterrane Gelassenheit, Geduld und Optimismus.

Die Menschheitsgeschichte, deren Geißel neben Mangel vor allem das Menschenwerk Krieg ist, wird positiv getragen vom Friedens- und Ausgleichswillen. Zwang – gleich ob nach innen wie nach außen – ist zweitklassig, primäre Motivation immer sekundärer vorzuziehen. Angststeuerung ist taktisch wie ethisch ungünstig. Den Menschen in seiner Verschiedenartigkeit annehmen zu können – nein, besser, ihn darin zu belassen und zu stärken! – und neben den reinen Leistungsaspekten das Emotionale, Kulturelle und Künstlerische als gleich wichtig zu akzeptieren, ist die Grundvoraussetzung, in den Menschen tatsächlich etwas bewegen zu können. Negativer Vortrag von ernsthaften Anliegen und Zwang zu ihrer Durchsetzung als Hauptmechanismus vorzusehen, schmälert die eigenen Möglichkeiten und die Legitimation.

Deutschland ist nach wie vor eines der reichsten – und liebenswerten – Länder, hat eine lange Kultur und war und ist, wenn es keine kriegerischen Ambitionen hegt, international geachtet. Eine amerikanisierende Globalisierung mit der deutschen „Tugend" des vorauseilenden Gehorsams noch überbieten zu wollen, entspricht zwar manchen schlechten Traditionen, ist aber nicht alternativlos. Wir haben eine der freiesten Verfassungen dieser Erde, deren Hauptanliegen die „Würde des Menschen" ist. Hier müssen wir ansetzen. Und das mindeste, was wir dazu tun sollten, ist, die Menschen da abzuholen, wo sie sind. Die Familie, ihr Schutz und ihre Förderung sind dabei wesentliche Elemente.

Die reine Beschränkung auf „Leistung" ist weder zukunftswert noch zukunftsfähig. Sie ist ein Irrweg, auf dem wir leider schon viel zu weit gegangen sind. Wir sollten umkehren!

Postpostskriptum

Es ist glückhaft, wenn ein Mensch sich mit seiner Vergangenheit versöhnen oder, neudeutsch, identifizieren kann. Jeder Mensch ist natürlich bestrebt, seine Gegenwart positiv zu gestalten, je nach Naturell und Möglichkeiten hauptsächlich für sich oder tatsächlich (auch) für (viele) andere. Damit übernimmt er auch Verantwortung für sein Handeln im Kontext mit seinen Mitmenschen, die aus seinem Weltbild, seinen Ansichten und Absichten resultiert. Wer in der Gegenwart steuern will, muß Zukunft gestalten wollen – und können. Jeder sollte das Recht auf eine schöne Zukunft haben.

Darin aber liegt ein erhebliches Problem im Umgang mit dem Buch Professor Lauterbachs. Es zieht düstere bis fatale Resümees der Vergangenheit und Gegenwart. Genauso freudlos ist das, was er als seine Zukunftsvisionen anbietet: Knappheit durch sich steigernden Mangel, massiver Verlust an Freiheit, katastrophale Zunahme an Bürokratie und eine weitgehende Entmündigung der Bürger „seines" zukünftigen Deutschlands.

Sein Thema ist zweifellos ernst. So kann bei Lektüre seines Buches auch vom Sujet her wenig Freude oder gar Lust, geschweige denn Neugier aufkommen. Nahezu unabhängig von der eigenen Einstellung zum Leben droht dem Leser leider eine depressive Abfärbung. Davon wird selbst derjenige nicht ganz frei werden können, der diese emotionale Falle erkannt hat.

So wie grundsätzlich jeder Mensch sich auf seine eigene und kollektive Zukunft freuen dürfen soll, muß auch eine Auseinandersetzung mit ihr Freude erlauben. Ich bin mir bewußt, daß mir dieses emotionale Sich-freihalten-Können nicht vollständig

196

gelungen ist. Ich hoffe aber, Gedanken vorzulegen, die auf eine lebenswerte und dennoch realistisch einforderbare Zukunft neugierig machen, und die Wege dorthin nachvollziehbar skizziert zu haben. Wo Professor Lauterbach entmündigt und einschränkt, wollte ich freiheitliche und realisierbare Perspektiven aufzeigen. Letztlich aber wollte ich dem Leser weitergeben, daß sich eine positive Auseinandersetzung mit den heutigen Fehlwegen der Gesundheits- und Sozialpolitik lohnt. Es liegt in seiner Hand, selbst zu entscheiden.

Vertrauen ist in der Begegnung zwischen Patient und Arzt die entscheidende Voraussetzung für das Gelingen einer tragfähigen Beziehung. Dieses Vertrauen muß ein Kranker seinem Arzt und der Ärzteschaft insgesamt schenken können. Wenn „die Ärzte" derart kritisiert und an den Pranger gestellt werden, hat eigentlich auch der einzelne Arzt seine Chance, helfen zu können, verspielt. Objektiv haben der einzelne Arzt und seine Berufsgruppe den Umgang, den Professor Lauterbach mit seinen Kollegen hat, nicht verdient. Mein Buch versucht daher auch, meine Berufsgruppe wieder vertrauenswürdig zu machen.

Danksagung

Ich danke meiner Frau, die Allgemeinärztin und Psychotherapeutin ist, für die kritische Unterstützung meines Vorhabens und unseren Kindern, daß sie Rücksicht und Verzicht geübt haben, um ihrem Vater die nötigen Freiräume zu schaffen.

Ich danke sehr vielen Kolleginnen und Kollegen für ihre Unterstützung und Solidarität. Ich danke besonders dem kritischen Eiderstedter Kollegenkreis für Rückhalt und konstruktive Kritik. Ich danke für kritische Lektüre und Anregungen Herrn Dr. Hanspeter Bange (Garding), Herrn Dr. Klaus Bittmann (Plön), Herrn Dr. Axel Brunngraber (Hannover) und Frau Dr. Hiltraut Grote (Lilienthal).

Ich danke Herrn Wolfhart Grote und seinen Mitarbeitern von der infolab GmbH für die behutsame Unterstützung, Förderung und Verwirklichung meines Vorhabens.

Nicht zuletzt danke ich unseren Patienten, daß sie sehr oft mit uns Ärzten solidarisch sind. Ihnen droht in einer Professor-Lauterbachschen Zukunft schließlich noch mehr Ungemach als uns, seinen Kollegen. Krankheit und ihre Behandlung sowie die Begegnung zwischen dem kranken und dem helfenden Menschen haben uralte kulturelle Wurzeln und eine jahrtausendealte Tradition. Sie kurzfristig ideologischem Kalkül zu opfern und sie zu beschädigen, hat niemand das Recht. Man darf sich nur nicht irritieren lassen.

Schließlich danke ich allen, die aus den Erfahrungen der Vergangenheit heraus an einer positiven, lebenswerten Zukunft mitarbeiten wollen.